Hinweise der Redaktion

Liebe Lehrerinnen und Lehrer,

das vorliegende Heft bietet Ihnen umfangreiches Übungs- und Prüfungsmaterial für die mündliche Leistungsmessung in den Klassenstufen 5–10 im Mittleren Niveau, d. h. an Realschulen und differenzierenden Schulformen. Das Material kann darüber hinaus auch in der Sekundarstufe I des Gymnasiums und an Hauptschulen (Abschluss mit Niveau A2) verwendet werden.

Das *Speaking-Tests*-Heft und die CD-ROM enthalten Kopiervorlagen mit unterschiedlichen Aufgabenformaten für Einzel-, Partner- und Gruppenprüfungen, die flexibel kombinierbar sind. Die Kopiervorlagen können lehrwerkunabhängig eingesetzt werden, sie sind sowohl unmittelbar einsetzbar als auch editierbar: Mithilfe der CD-ROM können Sie die Kopiervorlagen Ihren Vorstellungen und den Kompetenzen Ihrer Schüler und Schülerinnen entsprechend verändern, Rollen und Situationen variieren, Teile weglassen oder hinzufügen.

Aufbau *Speaking Tests*

Im Vorwort finden Sie zunächst wichtige Hinweise zum Gemeinsamen europäischen Referenzrahmen, an dem sich sowohl die Fachlehrpläne für moderne Fremdsprachen als auch die bundesweiten Bildungsstandards orientieren. Die für Ihre Schulform relevanten Niveaustufen werden dargestellt und anhand von Operatoren, d. h. Umsetzungsbeispielen für den Fremdsprachenunterricht, konkretisiert.
Im Anschluss werden die Aufgabenformate vorgestellt bzw. näher erläutert. Für die Vorbereitung und konkrete Durchführung der Prüfung, Organisation und Bewertung derselben erhalten Sie im Vorwort ebenfalls nützliche Tipps und Bewertungsbögen mit Vorschlägen zur Bewertung.

Dabei gilt es jedoch stets zu beachten, dass es sich lediglich um Empfehlungen handelt. Die Gewichtung sowie die Form der Beurteilungskriterien etwa können Sie natürlich jederzeit nach Ihren eigenen Vorstellungen neu gestalten.

Zusammenfassend für alle Klassenstufen wird die Präsentation *(Presentation)* als eigenständiges Aufgabenformat vorgestellt. Eine Sonderform der Präsentation stellt *Talking about yourself* dar. Dieses leitet meist als Warm-up-Phase die Überprüfung der mündlichen Kompetenz ein. Vorschläge hierzu finden sich im Anschluss an das Kapitel „Die Präsentation".
Die daran anschließenden Kopiervorlagen dieses Heftes sind nach den Klassenstufen 5/6, 7/8 und 9/10 und innerhalb dieser Klassenstufen nach Aufgabenformaten gruppenweise angeordnet. Als Aufgabenformate finden Sie *Visual prompts*, *Simulated situations*, *Mediation* und *Text prompts*. Lehrerinformationen zur jeweiligen Prüfungsart, zur Vorbereitung und Prüfungsdurchführung, Anhaltspunkte zur Bewertung und zum Erwartungshorizont erhalten Sie zu jedem Aufgabenformat.

Erstellen mündlicher Prüfungen anhand der *Speaking Tests*-CD-ROM

Auf der beiliegenden CD-ROM finden Sie das komplette Material dieses Heftes sowie ein umfangreiches Zusatzangebot (weitere Kopiervorlagen zu den jeweiligen Aufgabenformaten). Die Kopiervorlagen und Bewertungsbögen sind Dateien im Word-Format und somit bei Bedarf problemlos abzuändern. Mit wenigen Handgriffen können Sie alle Unterlagen an die speziellen Gegebenheiten Ihres Bundeslandes, Ihrer Schule sowie an die individuelle Situation Ihrer Schülerschaft anpassen und so individuell zugeschnittene Tests generieren.

Inhaltsverzeichnis

Zusatzmaterial........................nur auf CD-ROM
- Exemplarische Organisationsschemata
- Weitere Bewertungsbögen mündliche Leistungsmessung mit zweifacher Gewichtung „Sprache"
- Weitere Bewertungsbögen für „Präsentation" mit einfacher Gewichtung „Sprache"

Vorwort

1. Der Gemeinsame europäische Referenzrahmen und die mündliche kommunikative Kompetenz im Unterricht

Der Gemeinsame europäische Referenzrahmen (GeR) wurde vom Europarat herausgegeben und gibt umfangreiche Empfehlungen, die den Spracherwerb und die Sprachkompetenz bedarfsorientiert, transparent und vergleichbar machen sollen. Er stellt somit eine europaweite gemeinsame Basis dar, an der sich auch die aktuellen Fachlehrpläne und bundesweiten Bildungsstandards orientieren. Seit Beginn des Schuljahres 2004 / 2005 werden die so genannten KMK-Bildungsstandards sukzessive in allen Bundesländern verbindlich eingeführt. Sie formulieren Kompetenzen, die zu einem bestimmten Zeitpunkt der Bildungslaufbahn vorliegen müssen.

Die KMK-Bildungsstandards greifen dabei auf das Stufenmodell des GeR zurück, welches fremdsprachliche Kompetenzen beschreibt. Der GeR macht die Komplexität von Sprache besser überschaubar, indem er Sprachkompetenz in ihre einzelnen Komponenten gliedert und diese Teilkompetenzen ausgehend von objektiven Kriterien auf insgesamt sechs Niveaustufen definiert. Für das Untere und Mittlere Niveau relevant sind die Niveaustufen A1 und A2, die als „elementare Sprachverwendung" bzw. deren Sprecher als *Basic User* bezeichnet werden, und die Niveaustufe B1, die als „selbstständige Sprachverwendung" bzw. deren Sprecher als *Independent User* definiert werden.

Auf Bundesebene legen die Standards zu erwartende Lernergebnisse für den Mittleren Schulabschluss fest; sie beschreiben fachliche und fächerübergreifende Basisqualifikationen, die für die weitere schulische oder berufliche Ausbildung von Bedeutung sind. Im Bereich der mündlichen Kommunikationsfähigkeiten heißt dies, dass der Englischunterricht systematisch funktionale kommunikative Kompetenzen entwickeln soll, die sich auf den Gebrauch von Sprache in spezifischen Kontexten und Situationen beziehen.

Bezogen auf die Niveaustufen des GeR sollen die Schüler[1] am Ende der Hauptschule die Kompetenzstufe A2 / A2+ erreicht haben, die Schüler der 10. Klasse an Realschulen und differenzierenden Schulformen sowie die Schüler am Ende der Sekundarstufe I des Gymnasiums die Kompetenzstufe B1 / B1+.

Für die einzelnen Jahrgangsstufen der Schulen mit Mittlerem Schulabschluss sowie der Sekundarstufe I des Gymnasiums ergeben sich folgende Bezugsgrößen des GeR:

Jahrgangsstufe	5	6	7	8	9*	10
Referenzniveaus des GeR 1. Fremdsprache	A1	A1+	A2	A2+	B1	B1+
Referenzniveaus des GeR 2. Fremdsprache		A1	A2	A2+	B1	B1+

*Bitte beachten Sie die bundeslandspezifischen Vorgaben für das achtjährige Gymnasium.

Der Gemeinsame europäische Referenzrahmen für Sprachen und die Bildungsstandards der KMK für die erste Fremdsprache für den Mittleren Schulabschluss beschreiben den Erwerb kommunikativer Kompetenzen im Sprechen auf dem Niveau B1 des GeR mit den beiden Anspruchsprofilen „Sprechen: an Gesprächen teilnehmen" sowie „Sprechen: zusammenhängendes Sprechen". (Diese werden im Kapitel 3 „Bewertung mündlicher Leistungen" noch näher erläutert.) Neben diesen beiden Anspruchsprofilen fordert der GeR auch die Versiertheit der mündlichen Sprachmittlung bzw. Mediation.

Im Folgenden werden tabellarisch konkrete Möglichkeiten der Operationalisierung auf den Niveaus A1, A2 und B1 des GeR dargestellt:

---

[1] Im Folgenden wird zur Vereinfachung lediglich die männliche Form verwendet. Gemeint sind selbstverständlich stets die Schüler und Schülerinnen sowie die Lehrer und Lehrerinnen.

A1 A1+	Kompetenz	Operationalisierung	
Mündliche Sprachproduktion & Interaktion	Der Schüler kann sich zur eigenen Person oder zu sehr vertrauten Themen mit Hilfe eines sehr begrenzten Repertoires von einzelnen Wörtern und Redewendungen, die er einigermaßen deutlich, aber mit merklichem Akzent ausspricht, äußern.	Der Schüler kann • sich selbst vorstellen, • seine Familie vorstellen, • Vorlieben und Abneigungen ausdrücken, • seinen Alltag beschreiben, • Bilder und Fotos aus seinem unmittelbaren Umfeld beschreiben.	**Sprachproduktion**
	Der Schüler kann in vertrauten Situationen des täglichen Lebens sehr einfache Fragen stellen, sehr einfache Fragen beantworten, sehr einfache Bitten, Wünsche und Absichten äußern.	Der Schüler kann • Fragen zu seiner Identität, seinem Alter, seiner Nationalität, seiner Familie, seinen Vorlieben und Abneigungen beantworten, • Fragen zur Identität, zum Alter, zur Nationalität, zur Familie, zu den Vorlieben und Abneigungen seines Gesprächspartners stellen, • den Gesprächspartner bitten, das Gesagte zu wiederholen oder langsamer zu sprechen, • einen überschaubaren Weg beschreiben, • Dinge des täglichen Lebens einkaufen, • mit anderen im Rahmen des unmittelbaren Lebensumfeldes Pläne machen.	**Interaktion**

A2 A2+	Kompetenz	Operationalisierung	
Mündliche Sprachproduktion & Interaktion	Der Schüler kann verständlich und in angemessenem Gesprächstempo über Vertrautes sprechen und über Vergangenes berichten, wobei er den erlernten Wortschatz in grammatikalisch überwiegend korrekten Strukturen verwendet, die über einfache Satzmuster hinausgehen.	Der Schüler kann • über die eigene Person oder andere, vertraute Personen sprechen, • über die Schule sprechen, • über alltägliche Aktivitäten sprechen, • über sein Wohnviertel und seine Stadt sprechen, • Vorlieben, Abneigungen und Wünsche äußern, • auf einfache Weise Gefühle ausdrücken, • über Freizeit und Arbeit sprechen, • Vorhaben und Pläne darlegen, • eine Geschichte erzählen, • über ein Ereignis oder einen Unfall berichten, • von einer persönlichen Erfahrung erzählen, • Bilder und Fotos beschreiben und miteinander vergleichen.	**Sprachproduktion**
	Der Schüler agiert und reagiert weitgehend mühelos in vertrauten, klar strukturierten Gesprächssituationen und in einfachen Routinegesprächen, kann jedoch nur in eingeschränktem Maße einen substantiellen Beitrag zu einer Konversation leisten. Er kann Informationen in vertrauten Situationen einholen und beantwortet einfache Fragen mühelos.	Der Schüler kann • in einem Fremdenverkehrsamt oder Reisebüro Informationen über Unterbringungsmöglichkeiten oder Verkehrsmittel einholen, • nach dem Weg fragen und einen Weg erklären, • nach Preisen fragen und Mengen benennen, • Einkäufe in Geschäften tätigen (Lebensmittel, Kleidung, CDs, Bücher, kleine Geschenke für Freunde oder die Familie), • einfache Erledigungen in einer Bank oder im Postamt bewältigen, • im Restaurant oder Café aus der Speisekarte etwas auswählen, • mit anderen Reisepläne machen, • mit anderen über die Freizeitgestaltung sprechen, • über persönliche Probleme sprechen.	**Interaktion**

B1 B1+	Kompetenz	Operationalisierung
Mündliche Sprachproduktion & Interaktion / *Sprachproduktion*	Der Schüler kann sich flüssig und mit einer gewissen Detailgenauigkeit zu den meisten Themen des eigenen Alltagslebens äußern und Probleme thematisieren. Er wendet recht vielfältige lexikalische und grammatikalische Mittel an.	Der Schüler kann • Bilder beschreiben und kommentieren, • Beziehungen zwischen Ereignissen herstellen, • über Erfahrungen berichten, • Gefühle und Reaktionen erklären, • Zukunftsentwürfe machen (Ausbildung, Beruf, Arbeit), • eine Geschichte erzählen, • die Handlung eines Films darstellen, • die Handlung eines Buchs darstellen, • eine kurze, klar aufgebaute Rede halten, • kurze, strukturierte Referate halten (über berühmte Personen, Sehenswürdigkeiten, Städte, Regionen, Länder, Berufe), • einen Standpunkt klar vertreten.
/ *Interaktion*	Der Schüler kann ein Gespräch, vor allem in vertrauten Situationen, in Fluss halten und selbst initiativ werden, wenn der Gesprächspartner nicht zu schnell spricht. Er kann die eigene Meinung durch kurze Erklärungen erläutern und durchdacht und überzeugend argumentieren.	Der Schüler kann • die meisten Situationen bewältigen, die im Verlauf einer Reise auftreten, • ein Bewerbungsgespräch führen, • an Diskussionen über konkrete und abstrakte Themen aktiv teilnehmen, • mit anderen über sportliche und kulturelle Interessen sprechen, • in Gesprächen die eigene Meinung vertreten, • Ratschläge geben, • mit anderen bei Problemen des täglichen Lebens einen Konsens finden, • über Bücher und Filme sprechen.

2. Die mündliche Leistungsmessung

Um die durch die Bildungsstandards definierten Kompetenzstufen im Bereich der mündlichen Sprachverwendung zu erreichen, müssen den Schülern möglichst vielfältige, motivierende Sprechanlässe und Übungsformen geboten werden. Von Beginn des Sprachwerbs an sollten sie daher mit anregenden Aufgabenformaten zu zusammenhängenden Äußerungen und sprachlicher Interaktion untereinander hingeführt werden, die mit zunehmendem Lernfortschritt immer komplexer werden.

2.1. Vorbereitung

Mündliche Prüfungen stellen für die Schüler eine große Herausforderung dar. Viele fühlen sich gehemmt durch die Angst vor sprachlichen Fehlern oder sie befürchten, ins Stocken zu geraten, nicht die richtigen Worte zu finden bzw. sich nicht selbstbewusst in ein Gespräch einbringen zu können. Zum Erwerb der nötigen Sicherheit muss das Sprechen im Unterricht intensiv geübt und müssen den Schülern Strategien an die Hand gegeben werden. Dazu zählen das Umgehen von Wortschatzlücken durch die Verwendung von Oberbegriffen, Umschreibungen und Erklärungen, Synonymen und Antonymen. Zur Aufrechterhaltung des Gespächs bieten sich Redemittel zur Rückversicherung (*Yes, really?, OK* etc.), zur Überwindung von Verständnisschwierigkeiten (*Sorry, I don't understand, You mean …* etc.) sowie zur Anteilnahme bzw. Verständnisbekundung (*Oh yes, right, yes, it's a problem, I see* etc.) an. Damit sich die Schüler in mündlichen Prüfungssituationen sicherer fühlen, ist es weiterhin wichtig, mit ihnen vorab das jeweils themenspezifische Vokabular in Form von *Mind maps* und Wortfeldern zu erarbeiten.

Da der mündlichen Leistungsmessung eine Vorbereitungszeit vorangehen kann, müssen die Schüler zusätzlich lernen, diese optimal zu nutzen. Im Unterricht ist daher das Anfertigen von Notizen (in Form von Stichpunkten!) und das rasche Strukturieren von Ideen zu üben. Während des Sprechens wiederum gilt es, nicht abzulesen, sondern sich von den Notizen zu lösen und diese nur als Gedächtnisstütze zu verwenden, was erst mit zunehmender Sicherheit gelingt. Für das monologische Sprechen ist insbesondere die Einübung von Präsentationstechniken erforderlich (Siehe Kapitel „Die Präsentation", Seite 14–17), aber auch der wirkungsvolle Einsatz der Stimme sowie der Gestik, Mimik und Körperhaltung.

2.2. Aufgabenformate, Konzeption, Progression und Durchführung

Auf der Grundlage der Kompetenzbeschreibungen sowie der Möglichkeiten der Operationalisierung auf den Niveaus A1, A2 und B1 des GeR werden in diesem Heft für die mündliche Sprachverwendung verschiedene Aufgabenformate angeboten. Diese eignen sich sowohl zur Durchführung als auch zur Vorbereitung von Tests und Prüfungen. Bei der Konzeption wurde Wert auf schülerorientierte Situationen gelegt sowie darauf, dass die Schüler keine untypischen Rollen übernehmen müssen. Die dargestellten Situationen sind authentisch und auf die Erfahrungswelt der Schülerinnen und Schüler zugeschnitten.

Die verschiedenen Aufgabenformate pro Klassenstufe bzw. Niveaustufe (GeR) sind die folgenden:

	Visual prompts	Simulated situations	Mediation	Text prompts
Klasse 5/6 **A1/A1+**	*Photos* Wimmelbilder	*Flowcharts*		
Klasse 7/8 **A2/A2+**	*Photos* *Picture stories*	*Flowcharts* *Realia* *Role play cards*	Impuls: deutscher Text; Sprachmittlung Deutsch → Englisch	
Klasse 9/10 **B1/B1+**	*Cartoons & Photos* *Picture stories*	*Flowcharts* *Realia* *Role play cards*	Impuls: deutscher Text; Sprachmittlung Deutsch → Englisch	Impuls: Text; weiterführende Fragen

Visual prompts: Hier werden Bildimpulse als Anlass zu mündlichen Äußerungen genommen, wobei die Arbeitsanweisungen der verschiedenen Niveaustufen eine deutliche Progression aufweisen. Während ein Schüler auf dem Niveau A1 des GeR Bilder nur beschreiben kann, muss er auf einem höheren Niveau in der Lage sein, sie darüber hinaus zu analysieren und zu kommentieren. Zusätzlich können die Schüler in einer Partner oder Gruppenprüfung aufgefordert werden, die vorgelegten Bildimpulse nach deren Beschreibung und Analyse zu vergleichen und über deren Botschaft zu diskutieren. Bezogen auf die Wimmelbilder und *Picture stories* bedeutet dies, dass es z. B. auf der Niveaustufe A1 gilt, Szenen eines Wimmelbildes zu beschreiben, während auf A2 bereits ganze Geschichten sprachlich und inhaltlich logisch dargestellt werden. Auf der Niveaustufe B1 wird dann beispielsweise das gedankliche Innenleben einzelner Figuren der *Picture stories* ausgeführt und es müssen über die reine Beschreibung hinausgehende Überlegungen angestellt werden.

Simulated situations: Darunter fallen *Flowcharts*, *Realia* und *Role play cards*. Bei den *Flowcharts* werden Gesprächssituationen zwischen zwei Schülern simuliert, wobei diese anfangs noch durch sehr klare und präzise Vorgaben geschlosseneren Typs bzw. stark gelenkt sind, während sie bei den Klassenstufen 7/8 offener und stichpunktartiger gehalten sind. Bei den Klassenstufen 9/10 sind sie derart konzipiert, dass die Schüler Teile selbst gestalten und eigene Argumente finden müssen. Die *Realia* bieten eine Gesprächsgrundlage in Form von Kinoprogrammen oder Reiseprospekten für zwei oder mehr Schüler, die sich innerhalb einer fiktiven Situation besprechen und zu einer gemeinsamen Entscheidung kommen müssen. Ähnlich verhält es sich mit den *Role play cards*, mit Hilfe derer bis zu vier Schüler innerhalb eines Rollenspiels diverse Standpunkte vertreten und einen Konsens finden sollen. Auch diese beiden Aufgabenformate werden fortlaufend komplexer und entsprechen thematisch den jeweiligen Altersstufen (z. B. 7/8 *pets*, 9/10 *jobs*).

Mediation: Dieses Aufgabenformat beinhaltet die Sprachmittlung aus dem Deutschen ins Englische. Die Progression erfolgt anhand von Textlänge, Themen und sprachlicher Schwierigkeitsstufe. Die *Text prompts* dagegen sollen ein relativ freies Sprechen über eine besondere Thematik initiieren, welches vor dem Hintergrund der Kompetenzbeschreibungen des GeR nur für die Klassenstufen 9 und 10 vorgesehen ist.

Eine mündliche Prüfung enthält von Bundesland zu Bundesland und der jeweiligen Schule und Klassensituation entsprechend unterschiedliche Anforderungsprofile im Bereich Sprechen. In der Praxis bewährt haben sich Prüfungen folgenden Aufbaus: Partnerprüfungen, die im ersten Teil das monologische Sprechen (zusammenhängendes Sprechen) eines jeden Schülers fordern und im zweiten Teil eine interaktive Gesprächssituation (an Gesprächen teilnehmen) verlangen. Die *Speaking Tests* bieten hierzu vielfältige Modelle an und lassen sich je nach geforderter Kompetenzstufe variabel einsetzen. Für das Anspruchsprofil „zusammenhängendes Sprechen" eignen sich insbesondere *Presentation, Talking about yourself, Visual prompts* und die *Text prompts*. Für das Anspruchsprofil „an Gesprächen teilnehmen" bieten sich ebenfalls die *Visual prompts* an, darüber hinaus aber auch insbesondere die *Flowcharts, Realia* und *Role play cards*.

Eine exemplarische mehrteilige Prüfungszusammenstellung für zwei Schüler soll dies verdeutlichen:

Seite Thema	Aufgabenformat	Prüfungs-art / Prüfling	Niveau	Anforderungsprofil zu Sprechen	Material
Seite 19 *Travel & holidays*	*Talking about yourself*	Einzelprüfung Schüler A	A2/A2+	Zusammenhängendes Sprechen	Fragen
CD-ROM 7a *On holiday*	*Visual prompt Photo* (Aufgabe a)	Einzelprüfung Schüler A	A2/A2+	Zusammenhängendes Sprechen	Foto
Seite 19 *Travel & holidays*	*Talking about yourself*	Einzelprüfung Schüler B	A2/A2+	Zusammenhängendes Sprechen	Fragen
CD-ROM 7b *On holiday*	*Visual prompt Photo* (Aufgabe a)	Einzelprüfung Schüler B	A2/A2+	Zusammenhängendes Sprechen	Foto
Seite 48 1 *London city tour*	*Simulated situations Realia*	Partnerprüfung Schüler A und B	A2/A2+	An Gesprächen teilnehmen	Reise-prospekt

Auf der CD-ROM befinden sich sämtliche Kopiervorlagen im Word-Format zum Editieren und Erweitern. Sie können bei Bedarf passgenau bearbeitet und in neuer Zusammenstellung eingesetzt werden.

2.3. Organisation

Die Überprüfung der Mündlichkeit kann in allen Lernjahren durchgeführt werden, und es empfiehlt sich, bereits im ersten Lernjahr damit zu beginnen, um die Schüler frühzeitig an diese Prüfungsform zu gewöhnen. Partner- und Gruppenprüfungen erfordern dabei in besonderem Maße eine langfristige und intensive Trainings- und Vorbereitungsphase sowie eine wohl überlegte Organisation. Die Lehrkraft sollte in Bezug auf die Terminplanung schon zu Beginn des Schuljahres den Termin für die mündliche Prüfung festsetzen. Die zeitliche Organisation erfordert schulinterne Regelungen und Absprachen sowohl mit der Schulleitung als auch mit eventuell betroffenen Kollegen anderer Fächer. Eine geeignete Organisationsform ist die Einrichtung von Prüfungstagen. Geprüft werden zwei oder mehr Schüler gleichzeitig, wobei die Paar- bzw. Gruppenbildung der Lehrkraft überlassen bleibt. Zwei oder mehr aufeinander folgende Paare oder Gruppen (je nach logistischer Organisation der Vor- oder Nachpräsenz) können die gleichen Prüfungsaufgaben bekommen. Dadurch wird die zeitliche Vorbereitung der Lehrkraft geringer und ein gleiches Anforderungsniveau in höherem Maße gewährleistet. Bei der möglichst frühzeitigen Erstellung des Termin- und Raumplans muss eine Vorbereitungszeit berücksichtigt werden. Für die Vorbereitung und die Vor- / Nachpräsenz muss an einen weiteren Raum und an Aufsichten gedacht werden, so dass die Vorbereitung der Schüler auf die bevorstehende Prüfung gewährleistet ist und der Informationsaustausch zwischen bereits geprüften und noch zu prüfenden Schülern bei thematisch ähnlichen bzw. identischen Prüfungen verhindert wird.

Ein Zweitprüfer ist grundsätzlich nicht notwendig. Es gilt jedoch zu bedenken, dass die Beurteilung insbesondere von Gruppenprüfungen durch einen Prüfer sehr viel Konzentration erfordert, so dass es entlastend sein kann, bei größeren Gruppen zu zweit zu prüfen. Es ist weiterhin empfehlenswert, den Bewertungsbogen für jeden Schüler möglichst schon während der Prüfung auszufüllen. Dafür muss zwischen den Prüfungen entsprechend Zeit zur Verfügung stehen. Aufgabenstellungen, Bewertungsbögen und Notenübersicht werden abgelegt und vom Fachbetreuer archiviert. Damit sich die Schüler auf die Prüfung vorbereiten und mit den anderen Mitgliedern ihrer Gruppe auch außerhalb des Unterrichts üben können, sollten sie über die Themen mehrere Wochen vorher informiert werden. Ergebnisse werden nach Abschluss aller Prüfungen mitgeteilt und je nach Bedarf individuell besprochen. Es bewährt sich sehr, den Schülern Aufgabenstellung und Evaluationsbogen mit nach Hause zu geben, damit die Eltern davon Kenntnis nehmen können.

3. Bewertung mündlicher Leistungen

Bei der Beurteilung mündlicher Leistungen gilt es zunächst, sich darüber im Klaren zu sein, was kommunikative Kompetenz im Bereich des Sprechens umfasst und welche Kriterien zur Bewertung der Leistung angewendet werden. Die bereits kurz dargestellten kommunikativen Kompetenzen „an Gesprächen teilnehmen" sowie „zusammenhängendes Sprechen" können für das Mittlere Niveau B1 wie folgt näher beschrieben werden:
1. „Sprechen: an Gesprächen teilnehmen": Die Schüler können an Gesprächen über Themen teilnehmen, die vertraut und alltäglich sind (z. B. Einkaufen, Essen) und die sie persönlich interessieren (z. B. Familie, Hobbys). Sie können ihre persönliche Meinung ausdrücken und Informationen austauschen.
2. „Sprechen: zusammenhängendes Sprechen": Die Schüler können Erfahrungen und Sachverhalte in zusammenhängenden Sätzen darstellen, d. h. beschreiben, berichten, erzählen und bewerten.

Die Beschreibungen der kommunikativen Kompetenzen zu Sprechen werden im GeR anhand von Deskriptoren noch weiter differenziert (vgl. Tabelle S. 9–10) und bilden die Grundlage der Leistungsbeurteilung auf den verschiedenen Niveaustufen.

3.1. Kriterienorientierte Leistungsmessung

Die Bewertung der mündlichen Kommunikationsfähigkeit vor dem Hintergrund der jeweiligen Niveaustufen des GeR erfolgt anhand der Kategorien Sprache / Sprachrichtigkeit, Inhalt / Aufgabenerfüllung und Strategie / Interaktion. Diese Kategorien lassen sich in einzelne konkrete Beurteilungskriterien untergliedern, die während einer mündlichen Prüfung auf einer Skala von 0–5 bewertet werden (vgl. Bewertungsbögen S. 11–13 sowie auf der CD-ROM).

Die Kategorie **Sprache** bzw. Sprachrichtigkeit umfasst die Kriterien
- Wortschatz und grammatische Strukturen
- Aussprache und Intonation sowie das Spektrum der sprachlichen Mittel und deren Beherrschung (Art und Häufigkeit typischer Fehler).

Das Augenmerk liegt somit auf der lexikalischen und grammatikalischen Kompetenz des Schülers sowie auf der Aussprache und Wort- bzw. Satzbetonung. Mit dem Spektrum der sprachlichen Mittel ist zum einen das Repertoire auf Wortschatz- und Grammatikebene gemeint, zum anderen die Fähigkeit, diese Mittel zu variieren. Die zu erwartende und zu tolerierende Fehlerart bzw. -frequenz wird hier ebenfalls vermerkt.

Die einzelnen Kriterien der Kategorie **Inhalt** bzw. Aufgabenerfüllung sind
- die Aufgabenerfüllung und Relevanz und
- die Ausführlichkeit und Kohärenz.

Beurteilt wird hier, inwiefern die Aufgaben inhaltlich treffend, sinnvoll und dem Thema entsprechend beantwortet werden. Die Vollständigkeit der Informationen werden bewertet sowie der Grad der inhaltlich logischen und sprachlich zusammenhängenden Darstellung.

Unter die Kategorie **Strategie** bzw. Interaktion fallen die Kriterien
– soziolinguistische Angemessenheit und Kooperation sowie
– kommunikative Strategien und Flüssigkeit.

Ersteres beurteilt, ob die Beiträge dem Adressaten und der Situation angemessen sind. Gleichzeitig wird die Interaktionsfähigkeit der Schüler betrachtet, z. B. deren Umgang mit kontroversen Meinungen, und inwieweit sie auf den Gesprächspartner eingehen (verbal und non-verbal) und ihn einbeziehen (*turn-taking*). Das zweite Kriterium bezieht sich auf die Frage, inwiefern die Schüler das Gespräch bzw. die Diskussion selbst initiieren und am Laufen halten können, ob sie flexibel und spontan reagieren und sich flüssig, d. h. ohne viel Stocken, und verständlich ausdrücken können. Eine zentrale Rolle spielen hier kommunikative Strategien, z. B. Umschreibungsstrategien (*paraphrasing*), außersprachliche Mittel (Mimik und Gestik) und Verzögerungsstrategien (z. B. *filler words*).

Die Kriterien werden auf der Grundlage des jeweiligen Niveaus des GeR angewendet.
Die qualitativen Aspekte des mündlichen Sprachgebrauchs auf den jeweiligen Niveaustufen B1 / B1+, A2 / A2+ und A1 / A1+ des GeR werden in der unten stehenden Tabelle dargestellt.

Kompetenzbeschreibungen der Niveaustufen des Gemeinsamen europäischen Referenzrahmens

	Sprache / Sprachrichtigkeit	Inhalt / Aufgabenerfüllung	Strategie / Interaktion
A1 **A1+** **Klasse** **5 / 6**	Hat ein sehr begrenztes Repertoire an Wörtern und Wendungen, die sich auf Informationen zur Person und einzelne konkrete Situationen beziehen. Die Aussprache eines sehr begrenzten Repertoires auswendig gelernter Wörter und Redewendungen kann mit einiger Mühe von Muttersprachlern verstanden werden, die den Umgang mit Sprechern aus der Sprachengruppe des Nicht-Muttersprachlers gewöhnt sind. Zeigt nur eine begrenzte Beherrschung von einigen wenigen einfachen grammatischen Strukturen und Satzmustern in einem auswendig gelernten Repertoire.	Kann sich und andere vorstellen und anderen Leuten Fragen zu ihrer Person stellen – z. B. wo sie wohnen, was für Leute sie kennen oder was für Dinge sie haben – und kann auf Fragen dieser Art Antwort geben. Kann sich auf einfache Art verständigen, wenn die Gesprächspartnerinnen oder Gesprächspartner langsam und deutlich sprechen und bereit sind zu helfen. Kann Wörter oder Wortgruppen durch einfache Konnektoren wie ‚und‘ oder ‚dann‘ verknüpfen.	Kann Fragen zur Person stellen und auf entsprechende Fragen Antwort geben. Kann sich auf einfache Art verständigen, doch ist die Kommunikation völlig davon abhängig, dass etwas langsamer wiederholt, umformuliert oder korrigiert wird. Kann ganz kurze, isolierte, weitgehend vorgefertigte Äußerungen benutzen; braucht viele Pausen, um nach Ausdrücken zu suchen, weniger vertraute Wörter zu artikulieren oder um Verständigungsprobleme zu beheben.
A2 **A2+** **Klasse** **7 / 8**	Verwendet elementare Satzstrukturen mit memorierten Wendungen, kurzen Wortgruppen und Redeformeln, um damit in einfachen Alltagssituationen begrenzte Informationen auszutauschen. Die Aussprache ist im Allgemeinen klar genug, um trotz eines merklichen Akzents verstanden zu werden; manchmal wird der Gesprächspartner um Wiederholung bitten müssen. Verwendet einige einfache Strukturen korrekt, macht aber noch systematisch elementare Fehler, hat z. B. die Tendenz, Zeitformen zu vermischen oder zu vergessen, die Subjekt-Verb-Kongruenz zu markieren; trotzdem wird in der Regel klar, was er/sie ausdrücken möchte.	Kann sich in einfachen, routinemäßigen Situationen verständigen, in denen es um einen einfachen und direkten Austausch von Informationen über vertraute und geläufige Dinge geht. Kann mit einfachen Mitteln die eigene Herkunft und Ausbildung, die direkte Umgebung und Dinge im Zusammenhang mit unmittelbaren Bedürfnissen beschreiben. Kann Wortgruppen durch einfache Konnektoren wie ‚und‘, ‚aber‘ und ‚weil‘ verknüpfen.	Kann Fragen stellen und Fragen beantworten sowie auf einfache Feststellungen reagieren. Kann anzeigen, wann er/sie versteht, aber versteht kaum genug, um selbst das Gespräch in Gang zu halten. Kann sich in sehr kurzen Redebeiträgen verständlich machen, obwohl er/sie offensichtlich häufig stockt und neu ansetzen oder umformulieren muss.

	Sprache / Sprachrichtigkeit	Inhalt / Aufgabenerfüllung	Strategie / Interaktion
B1 **B1+** **Klasse 9 / 10**	Verfügt über genügend sprachliche Mittel, um zurechtzukommen; der Wortschatz reicht aus, um sich, wenn auch manchmal zögernd und mit Hilfe von Umschreibungen, über Themen wie Familie, Hobbys und Interessen, Arbeit, Reisen und aktuelle Ereignisse äußern zu können. Die Aussprache ist gut verständlich, auch wenn ein fremder Akzent teilweise offensichtlich ist und manchmal etwas falsch ausgesprochen wird. Verwendet verhältnismäßig korrekt ein Repertoire gebräuchlicher Strukturen und Redeformeln, die mit eher vorhersehbaren Situationen zusammenhängen.	Kann sich einfach und zusammenhängend über vertraute Themen und persönliche Interessensgebiete äußern. Kann über Erfahrungen und Ereignisse berichten, Träume, Hoffnungen und Ziele beschreiben und zu Plänen und Ansichten kurze Begründungen oder Erklärungen geben. Kann eine Reihe kurzer, einfacher Einzelelemente zu einer zusammenhängenden linearen Äußerung verknüpfen.	Kann ein einfaches direktes Gespräch über vertraute oder persönlich interessierende Themen beginnen, in Gang halten und beenden. Kann Teile von dem, was jemand gesagt hat, wiederholen, um das gegenseitige Verstehen zu sichern. Kann sich ohne viel Stocken verständlich ausdrücken, obwohl er/sie deutliche Pausen macht, um die Äußerungen grammatisch und in der Wortwahl zu planen oder zu korrigieren, vor allem, wenn er/sie länger frei spricht.

Quelle: Gemeinsamer europäischer Referenzrahmen (Europarat, 2001)

Je nach Lernjahr bzw. GeR-Niveaustufe und Aufgabenstellung können die Beurteilungskriterien unterschiedlich gewichtet werden, wobei gegebenenfalls der Notenschlüssel neu angepasst werden muss. (Standardbewertungsbögen finden Sie auf den Seiten 11 – 13 und der CD-ROM, ein weiteres Set an Bewertungsbögen mit einer stärkeren Gewichtung des Beurteilungskriteriums „Sprache" befindet sich zusätzlich auf der CD-ROM.)

So spielen am Anfang des Fremdsprachenerwerbs das Erlernen der korrekten Aussprache und Intonation eine größere Rolle und diese beiden Kriterien können im Vergleich zur Niveaustufe B1 anfangs noch stärker gewichtet werden. Umgekehrt werden die sprachlichen Mittel sowie das Spektrum immer vielfältiger bzw. größer und können mit Zunahme der Kompetenzen auch mehr ins Gewicht fallen. Ab dem Niveau A2 werden die Aufgabenstellungen und Themen komplexer, so dass hier auf der Aufgabenerfüllung im Gegensatz zur Niveaustufe A1 ein Schwerpunkt der Prüfung liegen kann. Im inhaltlichen Bereich gilt es jedoch stets zu beachten, dass die gelungene Kommunikation im Vordergrund stehen sollte. Für die Kategorie Strategie und Interaktion gilt ebenfalls, dass die Mittel in den ersten Lernjahren sehr begrenzt sind, während man auch hier, sofern sich die Aufgabenstellung hierfür anbietet, auf der Niveaustufe B1 einen Schwerpunkt setzen kann. Generell gilt, dass die Gewichtung der Kriterien an den Fokus der Aufgabe sowie das schuleigene Niveau angepasst werden sollte.

Im Sinne einer Transparenz der Prüfung sollten die Bewertungskriterien zudem den Schülern erläutert werden. Während der Trainingsphasen sollte der Lehrer des öfteren ein bestimmtes Kriterium (z. B. aus Strategie und Interaktion) in den Vordergrund der Betrachtung stellen, so dass den Schülern die Bedeutung dieses Aspektes beim Sprechen bewusst wird und sie auf dieses Ziel hinarbeiten können.

Bewertungsbogen mündliche Leistungsmessung (A1/A1+)

Name: _____ Klasse: _____ Datum: _____

Kompetenzbeschreibung[1] Sprache	Punkte					
	voll erfüllt	nahezu erfüllt	vorwie- gend erfüllt	teilweise erfüllt	kaum erfüllt	nicht erfüllt
Wortschatz und Strukturen: Verwendung memorierter Wörter und Wendungen, weniger einfacher grammatischer Strukturen	5	4	3	2	1	0
Aussprache: für Muttersprachler verständliche Aussprache trotz deutlichem muttersprachlichen Akzent	5	4	3	2	1	0
Repertoire und Sprachrichtigkeit: sehr begrenzte Beherrschung eines auswendig gelernten Repertoires	5	4	3	2	1	0

Kompetenzbeschreibung Inhalt						
Aufgabenerfüllung und Informationsgehalt: korrekte und relevante Bearbeitung des Themas auf sehr einfachem Niveau und auf einzelne konkrete Si- tuationen bezogen	5	4	3	2	1	0
Ausführlichkeit und Kohärenz: vollständige und in Ansätzen kohärente Darstellung; Verknüpfung durch einfache Konnektoren wie *and,* *then* oder *after that*	5	4	3	2	1	0

Kompetenzbeschreibung Strategie						
Angemessenheit und Interaktionsfähigkeit: adressaten- / situationsgerechtes Agieren und Kooperieren auf sehr einfachem Niveau mit Hilfe- stellung durch die Lehrkraft	5	4	3	2	1	0
Ausdrucksfähigkeit: in Ansätzen selbstständiges Sprechen und Inter- agieren in Form von kurzen, isolierten, weitgehend vorgefertigten Äußerungen mit Pausen	5	4	3	2	1	0

[1] Ausführliche Kompetenzbeschreibungen des Gemeinsamen europäischen Referenzrahmens finden Sie auf S. 9 / 10.

Bemerkungen: _____

_____ Gesamtpunktzahl: _____ Note: _____
Unterschrift: verantwortliche Fachlehrkraft (Höchstpunktzahl: 35)

Bewertungsvorschlag

Punkte	Note	Punkte	Note	Punkte	Note	Punkte	Note	Punkte	Note	Punkte	Note
35 – 31	1	30 – 26	2	25 – 21	3	20 – 16	4	15 – 7	5	6 – 0	6

Innerhalb der Bandbreiten für ganze Noten lassen sich individuell Abstufungen z. B. in 1–, 1–2, 2+ usw. vornehmen.

 Klett

© Ernst Klett Verlag GmbH, Stuttgart 2009 | www.klett.de | Alle Rechte vorbehalten
Von dieser Druckvorlage ist die Vervielfältigung für den eigenen
Unterrichtsgebrauch gestattet. Die Kopiergebühren sind abgegolten.

Speaking Tests Klasse 5–10
ISBN 978-3-12-581107-2

Bewertungsbogen mündliche Leistungsmessung (A2/A2+)

Name: _____   Klasse: _____   Datum: _____

Kompetenzbeschreibung[1] Sprache	Punkte					
	voll erfüllt	nahezu erfüllt	vorwiegend erfüllt	teilweise erfüllt	kaum erfüllt	nicht erfüllt
Wortschatz und Strukturen: Verwendung elementarer Satzstrukturen mit memorierten Wendungen, kurzen Wortgruppen und Redeformeln	5	4	3	2	1	0
Aussprache: im Allgemeinen klare verständliche Aussprache trotz merklichem muttersprachlichen Akzent	5	4	3	2	1	0
Repertoire und Sprachrichtigkeit: begrenztes Repertoire einfacher Strukturen, Verständlichkeit trotz systematisch elementarer Fehler	5	4	3	2	1	0

Kompetenzbeschreibung Inhalt						
Aufgabenerfüllung und Informationsgehalt: korrekte und relevante Bearbeitung des Themas auf einfachem Niveau: einfache, routinemäßige Situationen; einfacher und direkter Austausch von Informationen über vertraute und geläufige Dinge	5	4	3	2	1	0
Ausführlichkeit und Kohärenz: vollständige und weitgehend kohärente Darstellung; Verknüpfung durch einfache Konnektoren wie *and, but, because*	5	4	3	2	1	0

Kompetenzbeschreibung Strategie						
Angemessenheit und Interaktionsfähigkeit: adressaten- / situationsgerechtes Agieren und Kooperieren auf einfachem Niveau mit Hilfestellung	5	4	3	2	1	0
Ausdrucksfähigkeit: selbstständiges, teilweise stockendes Sprechen und Interagieren in Form von sehr kurzen Redebeiträgen mit Pausen, um neu anzusetzen oder neu zu formulieren	5	4	3	2	1	0

[1] Ausführliche Kompetenzbeschreibungen des Gemeinsamen europäischen Referenzrahmens finden Sie auf S. 9 / 10.

Bemerkungen: _____

_____   Gesamtpunktzahl: _____   Note: _____
Unterschrift: verantwortliche Fachlehrkraft   (Höchstpunktzahl: 35)

Bewertungsvorschlag

Punkte	Note	Punkte	Note	Punkte	Note	Punkte	Note	Punkte	Note	Punkte	Note
35 – 31	1	30 – 26	2	25 – 21	3	20 – 16	4	15 – 7	5	6 – 0	6

Innerhalb der Bandbreiten für ganze Noten lassen sich individuell Abstufungen z. B. in 1–, 1–2, 2+ usw. vornehmen.

© Ernst Klett Verlag GmbH, Stuttgart 2009 | www.klett.de | Alle Rechte vorbehalten
Von dieser Druckvorlage ist die Vervielfältigung für den eigenen
Unterrichtsgebrauch gestattet. Die Kopiergebühren sind abgegolten.

Speaking Tests Klasse 5 – 10
ISBN 978-3-12-581107-2

Bewertungsbogen mündliche Leistungsmessung (B1/B1+)

Name: _____ Klasse: _____ Datum: _____

Kompetenzbeschreibung[1] Sprache	Punkte					
	voll erfüllt	nahezu erfüllt	vorwie-gend erfüllt	teilweise erfüllt	kaum erfüllt	nicht erfüllt
Wortschatz und Strukturen: Verwendung eines grundlegenden Wortschatzes und gebräuchlicher Strukturen	5	4	3	2	1	0
Aussprache: gut verständliche Aussprache trotz teilweise offensichtlichem muttersprachlichen Akzent, angemessenes Gesprächstempo	5	4	3	2	1	0
Repertoire und Sprachrichtigkeit: verhältnismäßig korrekte Verwendung eines Repertoires gebräuchlicher Strukturen und Redeformeln	5	4	3	2	1	0

Kompetenzbeschreibung Inhalt						
Aufgabenerfüllung und Informationsgehalt: korrekte und relevante Bearbeitung des Themas: vertraute Themen und persönliche Interessensgebiete; Berichten, Beschreiben, kurze Begründungen oder Erklärungen	5	4	3	2	1	0
Ausführlichkeit und Kohärenz: vollständige, einfache und kohärente Darstellung: Verknüpfung einer Reihe kurzer, einfacher Einzelelemente zu zusammenhängenden linearen Äußerungen	5	4	3	2	1	0

Kompetenzbeschreibung Strategie						
Angemessenheit und Interaktionsfähigkeit: adressaten- / situationsgerechtes Agieren und Kooperieren auf einfachem Niveau: Beginnen, In-Gang-Halten und Beenden von einfachen direkten Gesprächen über vertraute oder persönlich interessierende Themen	5	4	3	2	1	0
Ausdrucksfähigkeit: selbstständiges und weitgehend flüssiges Sprechen und Interagieren mit Pausen, um die Äußerungen grammatisch und in der Wortwahl zu planen oder zu korrigieren	5	4	3	2	1	0

[1] Ausführliche Kompetenzbeschreibungen des Gemeinsamen europäischen Referenzrahmens finden Sie auf S. 9 / 10.

Bemerkungen: _____

_____ Gesamtpunktzahl: _____ Note: _____
Unterschrift: verantwortliche Fachlehrkraft (Höchstpunktzahl: 35)

Bewertungsvorschlag

Punkte	Note	Punkte	Note	Punkte	Note	Punkte	Note	Punkte	Note	Punkte	Note
35 – 31	1	30 – 26	2	25 – 21	3	20 – 16	4	15 – 7	5	6 – 0	6

Innerhalb der Bandbreiten für ganze Noten lassen sich individuell Abstufungen z. B. in 1–, 1–2, 2+ usw. vornehmen.

Speaking Tests Klasse 5 – 10
ISBN 978-3-12-581107-2

Die Präsentation als Aufgabenformat

Das Präsentieren hat in den letzten Jahren insbesondere im Rahmen der beruflichen Qualifikation enorm an Bedeutung gewonnen. So ist es heute z. B. für Verwaltungsfachleute oder Techniker eine Selbstverständlichkeit, ihr Wissen anschaulich vermitteln zu können. Wer vor einem Publikum etwas vorzutragen hat, muss sich Gedanken darüber machen, wie er die gewählten Inhalte publikumswirksam darstellen kann. Im Zuge der Globalisierung kann man sich dabei nicht mehr nur auf die Muttersprache beschränken, sondern sieht sich zunehmend in der Situation, dies auch in der Fremdsprache – insbesondere auf Englisch – zu tun. Konsequenterweise findet die Präsentationskompetenz Eingang in die Bildungspläne und in den Unterricht und ist in einigen Bundesländern bereits Bestandteil der Abschlussprüfung.

Die erfolgreiche Vermittlung von Präsentationstechniken

Die Schüler müssen zunächst einmal daran gewöhnt werden, vor einem Publikum zu stehen und souverän aufzutreten. Dies gelingt nur durch praktische Erfahrung. Das Präsentieren sollte daher frühzeitig geübt werden und bereits in den unteren Klassenstufen (spätestens ab Klasse 7) regelmäßiger Bestandteil des Unterrichts sein. Das trägt auch zur Abwechslung und Methodenvielfalt im Englischunterricht bei. Geeignete Themen gibt es in jeder Jahrgangsstufe. Im Folgenden seien einige Themen beispielhaft aufgeführt; weitere Vorschläge befinden sich in den Lehrwerken:

Klasse 5/6: *My family*; *pets*; *my home/room/flat/house*; *my hometown*; *my hobby*

Klasse 7/8: *London*; *New York*; *national parks*; *schools in GB/USA*; *weekend activities*; *sports*

Klasse 9/10: *My dream job*; *my favourite song/film/actor/radio station/TV programme/pop group* etc.; *political parties/systems*; *idols/a person I admire*; *environmental topics*; *teenage lifestyles/problems*

In den unteren Klassenstufen wird es sich bei den Präsentationen eher um *mini-presentations* handeln. Im Laufe der Jahre sollten die Ansprüche an Qualität und Umfang zunehmen. Präsentationen mit Überlängen sollten vermieden, die Dauer von max. 7–8 Minuten sollte nicht überschritten werden. Umfangreichere Präsentationen können statt dessen von Schülerteams übernommen werden.

Eine Präsentation verlangt nach einem Publikum und ein Publikum sollte die Präsentation nicht nur passiv über sich ergehen lassen, sondern zu Nachfragen ermutigt werden und dem Präsentierenden unbedingt eine Rückmeldung geben. Das kann am Anfang durchaus ausführlicher gestaltet und dazu genutzt werden, mit den Schülern gemeinsam eine Liste von *Dos & Don'ts* zu erarbeiten. Natürlich kann man insbesondere den Schülern der oberen Klassenstufen auch fertige Kriterienkataloge, etwa anhand der Bewertungsbögen, an die Hand geben und diese mit ihnen besprechen. Abgesehen von so relevanten Kriterien, wie deutlicher Aussprache, angemessenem Sprechtempo, Blickkontakt, Mimik und Gestik, adäquatem Medieneinsatz etc., sollte die Liste um weitere individuelle Kriterien, die die Schüler aufgrund von eigenen Beobachtungen aus gelungenen oder misslungenen Präsentationen gewinnen, ergänzt werden. So entsteht für jeden Schüler ein auf seinen Typ zugeschnittener „Ratgeber". Denn es macht wenig Sinn, wenn ein ruhiger, zurückhaltender Schüler versucht, die Präsentationsshow eines temperamentvollen Mitschülers zu kopieren; er kann jedoch für sich Anregungen festhalten zur Gestaltung seines eigenen Posters, seiner eigenen Statistiken (*Work on your personal style!*).

Präsentationen sollten so oft wie möglich benotet und damit die Leistungen honoriert werden, wobei die Bewertungskriterien transparent und den Schülern bekannt sein müssen. Ist die Klasse bereits präsentationserfahren, so kann die Rückmeldung auch kurz und ritualisiert gegeben werden. Der Lehrer hält z. B. einen *Smiley* hoch und die Klasse sagt kurz und bündig, was besonders positiv war. Durch Hochhalten eines Fragezeichens kann die Klasse zu Verbesserungsvorschlägen aufgefordert werden. Präsentationsmarathons sowie das Zerreden von Präsentationen gilt es zu vermeiden, damit die Schüler nicht mit Überdruss reagieren. Statt dessen sollten Präsentationen von den Schülern als Bereicherung des Unterrichtsalltags empfunden werden.

Ältere Schüler erhalten i. d. R. mehr Freiheiten bei der Themenwahl, und damit rückt die beratende Funktion der Lehrer stärker in den Vordergrund. Bei der Beratung ist die Berücksichtigung folgender Aspekte sinnvoll:

- Die Schüler sollten ein Thema wählen, zu dem sie einen persönlichen Bezug haben. Ein Verlegenheitsthema wirkt sich oft negativ auf die Qualität einer Präsentation aus.

- Das Thema sollte ausreichend Anschauungsmaterial bieten, denn dies kann ein Problem sein, so z. B. bei historischen Themen, zu denen es zwar umfangreiche Texte, aber nur wenig „Vorzeigbares" gibt.

   In diesem Zusammenhang sollten die Schüler auch auf die Medienvielfalt (Schaubilder, Realien, Musik, Vorführungen und Kostproben beispielsweise in Form von Filmsequenzen ohne Ton) hingewiesen werden. Manche Schüler suchen in erster Linie nach Bildern und engen sich damit unnötig ein.

- Medien sollten vorher ausprobiert werden. Sind die Bilder groß genug? Ist alles auf der Folie zu erkennen? Insbesondere Powerpoint-Präsentationen können erhebliche technische Probleme bereiten, was nicht unbedingt die Ruhe und Gelassenheit der Akteure fördert.

- Auch gilt es zu prüfen, ob das Thema sprachlich geeignet oder den Präsentierenden bzw. die Zuhörer überfordert. Bei wissenschaftlichen oder technischen Themen (z. B. Raumfahrt) gibt es häufig Fachbegriffe, die im Wörterbuch nachgeschlagen werden müssen und deren Aussprache schwierig sein kann. Auch Themen aus dem Bereich der Heimat von Schülern (Düsseldorf, Ankara, Kazan …) können insofern problematisch sein, als sie einen hohen Anteil an nicht-englischen Begriffen enthalten.

- Häufig konzentrieren sich die Schüler auf die inhaltliche Vorbereitung ihres Vortrags und vernachlässigen die sprachliche Vorbereitung, d. h. sie wissen oft sehr viel mehr als sie im Englischen ausdrücken können und können daher nicht auf Fragen reagieren. Es empfiehlt sich insbesondere für schwächere Schüler, ein Wortfeld zum Thema (z. B. neben der korrekten Bezeichnung des darzustellenden Haustiers auch Fachbegriffe bezüglich der Ernährung und Pflege) anzulegen.

- Die Korrektur von Vortragsentwürfen ist nicht Sache des Lehrers. Eine Präsentation soll eine eigenständige Leistung des Schülers sein. Die Hilfestellung durch den Lehrer sollte sich auf die Beratung, eventuelle Tipps für die Recherche oder bei jüngeren Schülern auf die Bereitstellung von entlasteten Informationstexten (z. B. London) beschränken.

- Die Schüler sollen weder einen auswendig gelernten Text vortragen noch von einem Skript ablesen, sondern mit Hilfe von *mind maps* oder *prompt cards* lernen, zunehmend frei vorzutragen. Aus diesem Grund dürfen auf den *prompt cards* bzw. *mind maps* auch keine ganzen Sätze, die zum reinen Ablesen verleiten könnten, sondern stets nur Stichwörter aufgeführt sein.

- Ein Qualitätskriterium für ältere Schüler ist die Frage, ob die Präsentation auch eine gewisse Fähigkeit zur Reflexion erkennen lässt, d. h. werden „nur" Inhalte vorgetragen und Sachverhalte unkritisch geschildert oder gelingt es dem Schüler, diese auch zu hinterfragen, zu problematisieren und einen eigenen Standpunkt zu vertreten und zu begründen.

- Die Schüler sollten unbedingt dazu angehalten werden, sich eine sinnvolle Gliederung und einen logischen Aufbau für ihre Präsentation zu überlegen sowie zielgerichtet nach Informationen und Anschauungsmaterial zu suchen.

- Medien und Informationen sind sinnvoll zu dosieren. So ist es wenig ratsam, wenn der Präsentierende z. B. eine Flut von schönen Bildern einsetzt, die aber alle das Gleiche zeigen (z. B. das *Empire State Building* bei Tag, bei Nacht, aus der Luft, …).

- Die Schüler können durchaus zu Kreativität und Risikobereitschaft ermutigt werden. So muss z. B. nicht jede Präsentation mit den Worten „*My presentation is about …* " beginnen. Andererseits sollte man die Schüler durchaus davor warnen, gewisse Grenzen zu überschreiten. Eine Präsentation darf pfiffige, ironische und auch humorvolle Elemente enthalten, sollte aber nicht albern werden.

Die Präsentation als mündliche Leistungsmessung und deren Bewertung

Das im Unterricht geübte Übungsformat Präsentation bietet sich in besonderer Weise als mündliche Leistungsmessung für das Anspruchsprofil des GeR „zusammenhängendes Sprechen" an. Hierbei handelt es sich in erster Linie um Einzelprüfungen, denkbar sind aber auch Partner bzw. Gruppenpräsentationen bei komplexeren oder umfangreicheren Themen. Die Inhalte können aus dem Erfahrungs- und Interessensbereich der Schüler sowie aus den Unterrichtsthemen der vorangegangenen Klassenstufen entnommen werden. Während der Prüfung zeigt der Schüler, dass er ein selbstständig vorbereitetes Thema strukturiert, verständlich und anschaulich präsentieren und erläutern kann. Im anschließenden Gespräch können Rückfragen und eine Vertiefung des Themas erfolgen. Die Vorbereitungsphase einer Präsentation als mündliche Prüfung kann in den unteren Klassen mit ein bis drei Wochen angesetzt werden und in den oberen Klassenstufen beispielsweise im Rahmen einer Gruppenpräsentation sechs bis zwölf Wochen. Der Lehrer übernimmt während dieser Zeit eine beratende Rolle, jedoch nimmt er keine Endkorrektur vor. Die Schüler sollen anhand von *keywords*, *mind maps* etc. frei sprechen; auf keinen Fall dürfen sie von einem vorgefertigten Skript ablesen bzw. einen auswendig gelernten Text vortragen. Zur Beurteilung und Benotung einer Präsentation befinden sich auf der nächsten Seite sowie auf der CD-ROM exemplarische Bewertungsbögen aller Niveaustufen (samt Bewertungsvorschlägen), welche selbstverständlich ebenfalls in Word verändert bzw. den individuellen Bedürfnissen der Fachkraft entsprechend angepasst und ausgedruckt werden können.

Bewertungsbogen Präsentation (B1/B1+)

Name: _____   Klasse: _____   Datum: _____

Kompetenzbeschreibung[1] Sprache	Punkte					
	voll erfüllt	nahezu erfüllt	vorwiegend erfüllt	teilweise erfüllt	kaum erfüllt	nicht erfüllt
Wortschatz und Strukturen: Verwendung eines grundlegenden Wortschatzes und gebräuchlicher Strukturen	10	8	6	4	2	0
Aussprache: gut verständliche Aussprache trotz teilweise offensichtlichem muttersprachlichen Akzent, angemessenes Gesprächstempo	10	8	6	4	2	0
Repertoire und Sprachrichtigkeit: verhältnismäßig korrekte Verwendung eines Repertoires gebräuchlicher Strukturen und Redeformeln	10	8	6	4	2	0

Kompetenzbeschreibung Inhalt und Darstellung						
Aufgabenerfüllung und Informationsgehalt: korrekte und relevante Bearbeitung des Themas: vertraute Themen und persönliche Interessensgebiete; Berichten, Beschreiben, kurze Begründungen oder Erklärungen	5	4	3	2	1	0
Ausführlichkeit und Kohärenz: vollständige, einfache und kohärente Darstellung: Verknüpfung einer Reihe kurzer, einfacher Einzelelemente zu zusammenhängenden linearen Äußerungen	5	4	3	2	1	0
Anschaulichkeit und Medieneinsatz: anschauliche Präsentation, effektiver Medieneinsatz	5	4	3	2	1	0

Kompetenzbeschreibung Strategie und Auftreten						
Angemessenheit und Interaktionsfähigkeit: adressaten- / situationsgerechtes Vortragen mit Hilfe von Stichwörtern über vertraute oder persönlich interessierende Themen	5	4	3	2	1	0
Ausdrucksfähigkeit und freies Reden: selbstständiges und weitgehend flüssiges Sprechen mit Pausen, um die Äußerungen grammatisch und in der Wortwahl zu planen oder zu korrigieren	5	4	3	2	1	0
Auftreten: sicheres Auftreten (Blickkontakt, Mimik, Gestik), weitgehend souveräne Reaktionen auf Fragen	5	4	3	2	1	0

[1] Ausführliche Kompetenzbeschreibungen des Gemeinsamen europäischen Referenzrahmens finden Sie auf S. 9 / 10.

Bemerkungen: _____

_____   Gesamtpunktzahl: _____   Note: _____
Unterschrift: verantwortliche Fachlehrkraft   (Höchstpunktzahl: 60)

Bewertungsvorschlag

Punkte	Note	Punkte	Note	Punkte	Note	Punkte	Note	Punkte	Note	Punkte	Note
60 – 53	1	52 – 44	2	43 – 36	3	35 – 27	4	26 – 11	5	10 – 0	6

Innerhalb der Bandbreiten für ganze Noten lassen sich individuell Abstufungen z. B. in 1–, 1–2, 2+ usw. vornehmen.

© Ernst Klett Verlag GmbH, Stuttgart 2009 | www.klett.de | Alle Rechte vorbehalten
Von dieser Druckvorlage ist die Vervielfältigung für den eigenen
Unterrichtsgebrauch gestattet. Die Kopiergebühren sind abgegolten.

Speaking Tests Klasse 5–10
ISBN 978-3-12-581107-2

Lehrerhinweise

Talking about yourself

Prüfungsart	Einzelprüfung / Partnerprüfung
Bezug zum GeR[1] alle Niveaustufen	Sich zur eigenen Person und zu Themen des eigenen Alltagslebens äußern
Allgemeines	Hier steht die spontane Kommunikation im Vordergrund. Der S soll sich für den weiteren Prüfungsverlauf „aufwärmen", er soll an Bekanntes anknüpfen können und vor allem an Selbstsicherheit beim Englischsprechen gewinnen.
Durchführungsdauer	Sprechzeit des S: ca. 2–3 Minuten
Durchführung	Der S äußert sich der jeweiligen Niveaustufe entsprechend möglichst selbstständig und ausführlich zu einem ihm vertrauten Thema. Der L gibt dabei lediglich das Hauptthema vor, wie z. B. die Familie des S, Gewohnheiten, Hobbys, Vorlieben, Abneigungen etc. und stellt im Gesprächsverlauf ggf. weitere Detailfragen bzw. gibt Hilfestellung. Das Gespräch sollte in jedem Fall individuell gestaltet und auf den S zugeschnitten sein.

Variante: Partnerprüfung
Die S stellen sich anhand von *prompts*, die der L leicht aus den auf der nächsten Seite angegebenen Topics & Fragen generieren kann, gegenseitig Fragen. Dabei wird auch das angemessene und korrekte Formulieren von Fragen geübt und bewertet.

Fokus	Bei diesem Testformat steht das zusammenhängende Sprechen im Vordergrund. Der S soll über sich selbst etwas erzählen.
Bewertung	Was sich positiv auf die Bewertung auswirkt: Redebeiträge, die ausführlich beschrieben und durch Beispiele veranschaulicht werden; Einsatz kommunikativer Strategien wie Blickkontakt, Gestik und Mimik; sichere Verwendung von Begrüßungs- und Höflichkeitsformen

→ Niveaubeschreibungen A1 / A1+, A2 / A2+, B1 / B1+ (GeR) (Siehe Vorwort / CD-ROM)
→ Bewertungsbögen A1 / A1+, A2 / A2+, B1 / B1+ (Siehe Vorwort / CD-ROM)

Vorkenntnisse	Die S werden im Unterricht gezielt z. B. auf *How to introduce yourself*-Beiträge vorbereitet. Dies kann in PA und GA geübt und erweitert werden. Auch 1–2-*minute presentations* zu vertrauten Themen eignen sich gut.
Topics & Fragen	Der folgende Fragenkatalog ist allgemeiner Art und bietet Vorschläge für die Klassenstufen 5–10.

Family & friends:
Can you tell me a little bit about your family?
Do you have an older / a younger brother / sister?
What do you often do at the weekends as a family?
Do you have grandparents? Are they important to you?
Do you have a best friend? Why is he / she your best friend?
What do you usually do when you meet your friends?

School:
What is your favourite subject? Why?
How do you get to school? Do you like going to school?

[1] Gemeinsamer europäischer Referenzrahmen für Sprachen

Would you like to go to school in GB / the USA? Why? / Why not?
What would be your ideal school?

Free time:
Do you have a hobby? What is it?
Can you play a musical instrument?
Do you play in a band?
Do you like reading? What kind of books do you like best?
What sports do you do?
What did you do after school yesterday?

Shopping:
Do you like going shopping? What kind of shops do you prefer?
Is it important for you to follow the latest fashion?
What present did you buy for your best friend / your parents for Christmas?
What do you spend your pocket money on?
Do you save your pocket money or do you spend it straightaway?
If you won the lottery, what would you do with the money?

Food & drink:
What kind of food do you like best? Why?
Do you like chocolate cake?
What do you usually have for breakfast?
Do you like cooking? (Can you tell us more about it?)
If you invited your friends to dinner, what would you cook?
What has been the best / worst food you have ever eaten?

Travel & holidays:
How do you usually spend your holidays?
What would be your ideal holiday?
Where did you go on your last holiday? What did you do / see?
Have you ever been to GB or the USA? (Can you tell us more about it?)
If you had the opportunity to spend a year abroad, where would you like to go?
Would you like to live in another country? Why? / Why not?

Entertainment & the Media:
Who is your favourite singer at the moment? Why?
What kind of programmes do you like best on TV and why?
Have you recently been to the cinema? What film did you see? What was it about?
Do you read a newspaper?
Do you have a PC? What do you use it for?

Work & jobs:
Have you ever worked? (Can you tell us more about it?)
What is your dream job?
What would you like to do when you leave school?
Would you like to be a film star / a famous singer or football player? Why? / Why not?
What do you think are the qualifications you need if you want to succeed in the working world?

Relationships:
What kind of conflicts can there be between friends?
Why do you think many young people have problems with their parents?
What do you think makes a good friendship?
Do you think a dog can replace a friend / a family member?

Visual prompts: Photos

Prüfungsart	Einzelprüfung
Bezug zum GeR[1] Niveaustufe A1 / A1+	Über sehr vertraute Situationen, Themen und Erfahrungen des Alltags sprechen; einfache Fragen beantworten
Allgemeines	Auf dem *Test sheet* befinden sich zwei Einzeltests mit jeweils einem Foto zum selben Thema (z. B. *At home*). Das *Test sheet* wird in der Mitte durchgeschnitten und ergibt dann zwei einzelne Tests. **Tipp:** Es bietet sich an, die Tests mit den Fotos in Farbe auf der CD-ROM auszudrucken und zu laminieren, um sie so noch ansprechender zu gestalten und mehrfach verwenden zu können.
Durchführungsdauer	Stille Vorbereitungszeit des S: ca. 1 Minute Sprechzeit des S (Thema: Foto): ca. 1 Minute Sprechzeit des S (Thema: eigene Erfahrungswelt): ca. 2 Minuten
Durchführung	Der L händigt dem S das *Test sheet* mit dem Foto aus. Danach sollte der S kurz Zeit haben, das Foto anzuschauen, sich ggf. Notizen zu machen und seine Gedanken zu sammeln (ca. 1 Minute). Der L gibt das Signal für den eigentlichen Prüfungsbeginn und steuert die Sprechzeit des S (ca. 3 Minuten) sowie die Prüfung insgesamt, indem er zu den einzelnen Teilen der Aufgabe überleitet.
Aufgabe	Die Aufgabe besteht aus zwei Teilen: Im ersten Teil spricht der S über das Foto selbst, im zweiten Teil über die eigenen Erfahrungen, z. B. a) *What can you see in the photo? What are they doing?* b) *What do you and your family do together? Talk about your activities.* Das Foto gibt lediglich einen visuellen Impuls für sehr einfache Äußerungen. Der L sollte auf dieser Stufe stets unterstützen und vom Foto auf die unmittelbare Erfahrungswelt des S überleiten.
Fokus	Bei diesem Aufgabenformat steht das in Ansätzen zusammenhängende Sprechen in Form von sehr einfachen Sätzen und kurzen, isolierten Wendungen im Vordergrund. Der S soll den visuellen Impuls nutzen, um über das im Foto abgebildete Thema sehr einfache Äußerungen zu machen. Er soll über sich selbst und seine Verbindung zum Thema reden. Dabei kommt es darauf an, dass der L das Gespräch durch Nachfragen in Gang hält und aufgrund der Kenntnisse des S so gestaltet, dass der S so viel wie möglich äußern kann.
Bewertung	Was sich positiv auf die Bewertung auswirkt: Das Äußern sachbezogener, sehr einfacher Sätze und kurzer Wendungen gelingt mit einfachen Hilfestellungen des L. Der S ist mit Unterstützung des L zudem in der Lage, ein weiterführendes Gespräch zu führen. → Niveaubeschreibung A1 / A1+ (GeR) (Siehe Vorwort / CD-ROM) → Bewertungsbogen A1 / A1+ (Siehe Vorwort / CD-ROM)
Vorkenntnisse	Der S sollte aus dem Unterricht bereits mit der Art des Aufgabenformats gut vertraut sein und die relevanten Redemittel und Wortfelder kennen, um über sich und die eigene Erfahrungswelt (z. B. Kleidung, Freunde, Ferien) zu sprechen.

[1] Gemeinsamer europäischer Referenzrahmen für Sprachen

1a   At home

a) *What can you see in the photo? What are they doing?*
b) *Where do you live? What can you do there?*

- ✂

1b   At home

a) *What can you see in the photo? What are they doing?*
b) *Where do you live? What can you do there?*

 © Ernst Klett Verlag GmbH, Stuttgart 2009 | www.klett.de | Alle Rechte vorbehalten
Von dieser Druckvorlage ist die Vervielfältigung für den eigenen
Unterrichtsgebrauch gestattet. Die Kopiergebühren sind abgegolten.

Speaking Tests Klasse 5–10
ISBN 978-3-12-581107-2

Test sheet: Photos

2a Homework

a) *What can you see in the photo? What are they doing?*
b) *When and where do you do your homework?*

2b Homework

a) *What can you see in the photo? What are they doing?*
b) *When and where do you do your homework?*

 Klett

© Ernst Klett Verlag GmbH, Stuttgart 2009 | www.klett.de | Alle Rechte vorbehalten
Von dieser Druckvorlage ist die Vervielfältigung für den eigenen
Unterrichtsgebrauch gestattet. Die Kopiergebühren sind abgegolten.

Speaking Tests Klasse 5–10
ISBN 978-3-12-581107-2

3a In my free time, ...

a) *What can you see in the photo? What are they doing?*
b) *What do you do in your free time? Talk about your free time activities.*

--- ✂

3b In my free time, ...

a) *What can you see in the photo? What are they doing?*
b) *What do you do in your free time? Talk about your free time activities.*

Speaking Tests Klasse 5–10
ISBN 978-3-12-581107-2

Lehrerhinweise

Visual prompts: Wimmelbilder

Prüfungsart	Einzelprüfung / Gruppenprüfung
Bezug zum GeR[1] Niveaustufe A1 / A1+	Über sehr vertraute Situationen, Themen und Erfahrungen des Alltags sprechen; einfache Fragen beantworten
Allgemeines	Auf dem *Test sheet* befindet sich immer ein Wimmelbild (z. B. *In the park*). Die verschiedenen Szenen können für mehrere Prüfungen genutzt werden. **Tipp:** Es bietet sich an, die Tests mit den Wimmelbildern auszudrucken und zu laminieren.
Durchführungsdauer	Stille Vorbereitungszeit des S: ca. 3 – 5 Minuten Sprechzeit des S: ca. 3 – 5 Minuten
Durchführung	Der L händigt dem S das *Test sheet* mit dem Wimmelbild aus. Danach sollte der S Zeit haben, sich das Wimmelbild in Ruhe anzuschauen, sich ggf. Notizen zu machen und seine Gedanken zu sammeln (ca. 3 – 5 Minuten). Der L gibt das Signal für den eigentlichen Prüfungsbeginn und steuert die Sprechzeit des S (ca. 3 – 5 Minuten) und die Prüfung insgesamt.
	Variante: Gruppenprüfung Anhand des Wimmelbildes können auch 2 – 3 S innerhalb einer Prüfung bewertet werden, indem sich jeder S 2 – 3 Szenen auf dem Bild aussucht, über die er gerne sprechen möchte.
	Tipp: Eine Gruppenprüfung eignet sich auch als vorbereitende Übung im Unterricht zur Förderung von interaktiven Sprechphasen.
Aufgabe	Die Aufgabe ist so angelegt, dass der S sich selbst eine Szene bzw. eine Gruppe von Personen aus dem gesamten Wimmelbild herausgreift, über die er gerne sprechen möchte, z. B. *What can you see here? Say what three of the people or groups of people are doing.* Der L kann hier bei der Auswahl der Szene auch steuern, indem er diejenigen Szenen abdeckt, über die der S nicht sprechen soll. Evtl. Hilfestellung durch L: *Look at … / What is he / she doing?*
Fokus	Bei diesem Aufgabenformat geht es um das in Ansätzen zusammenhängende Sprechen in Form von sehr einfachen Sätzen und kurzen, isolierten Wendungen. Der S soll den visuellen Impuls nutzen, um mit Hilfestellung des L so viele einfache Äußerungen wie möglich zu machen.
Bewertung	Was sich positiv auf die Bewertung auswirkt: Das Äußern sachbezogener sehr einfacher Sätze und kurzer Wendungen gelingt mit einfachen Hilfestellungen des L.
	→ Niveaubeschreibung A1 / A1+ (GeR) (Siehe Vorwort / CD-ROM) → Bewertungsbogen A1 / A1+ (Siehe Vorwort / CD-ROM)
Vorkenntnisse	Der S sollte aus dem Unterricht mit der Art des Aufgabenformats gut vertraut sein und die relevanten Redemittel kennen, um über alltägliche Situationen (z. B. Einkaufen, Freizeit, Jahreszeiten) zu sprechen.

[1] Gemeinsamer europäischer Referenzrahmen für Sprachen

1   In the park

What can you see here? Say what three of the people or groups of people are doing.

Speaking Tests Klasse 5 – 10
ISBN 978-3-12-581107-2

Test sheet: Wimmelbild

2 Four seasons

What can you see here? Describe one of the scenes. What time of year is it?

Speaking Tests Klasse 5–10
ISBN 978-3-12-581107-2

3 Our house

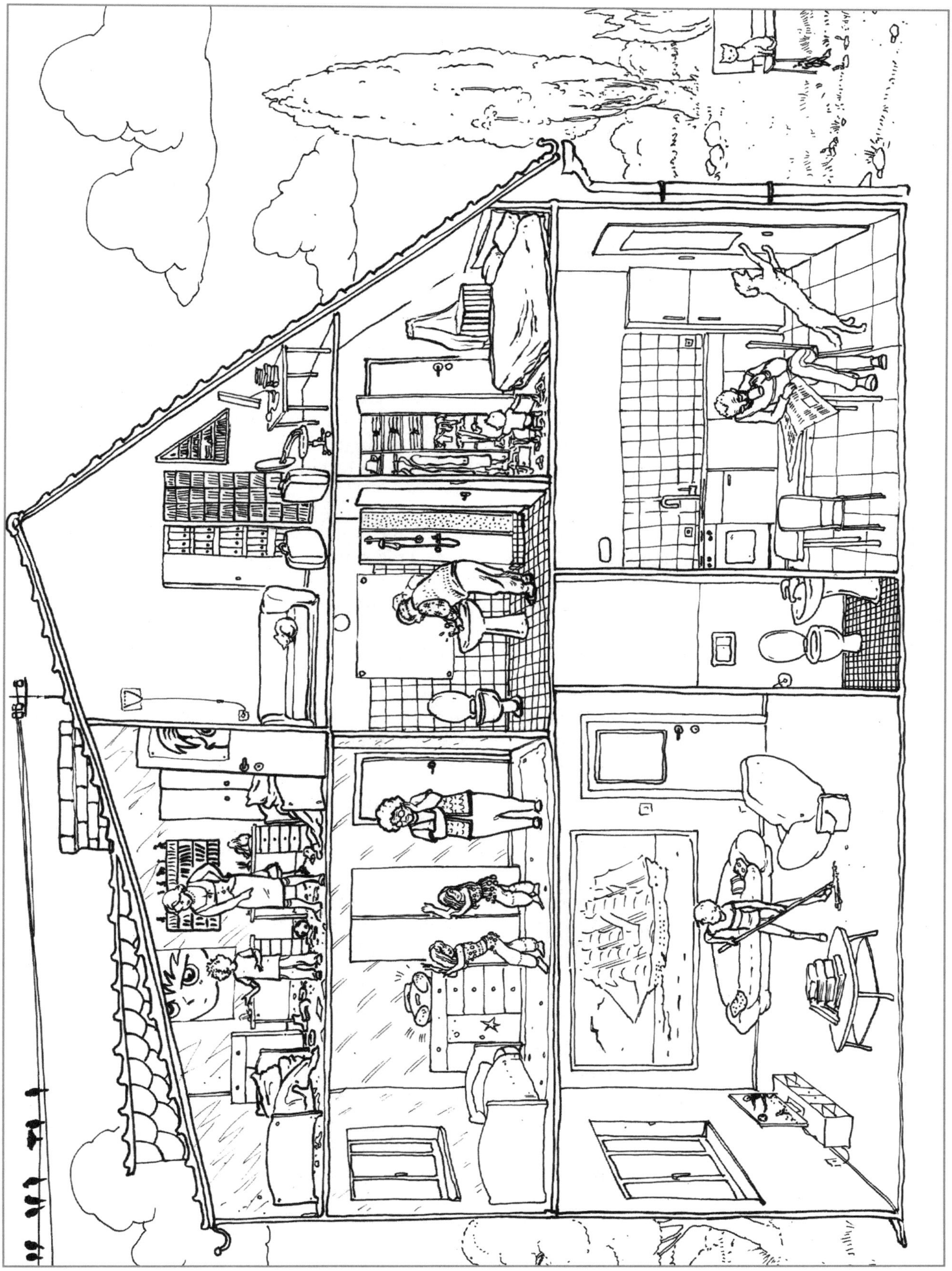

What can you see here? Describe what is happening in three of the rooms.

Speaking Tests Klasse 5–10
ISBN 978-3-12-581107-2

Simulated situations: Flowcharts

Prüfungsart	Partnerprüfung
Bezug zum GeR[1] Niveaustufe A1/A1+	An sehr klar strukturierten Gesprächen in vertrauten Alltagssituationen teilnehmen; einfache Fragen stellen und beantworten; einfache Bitten, Wünsche und Absichten äußern; einfache Gefühle und Vorlieben / Abneigungen (*likes/dislikes*) ausdrücken
Allgemeines	Auf dem *Test sheet* befindet sich immer ein Test für eine Prüfung zu zweit (Partner A, Partner B). Das *Test sheet* wird in der Mitte längs durchgeschnitten oder entsprechend gefaltet und ergibt dann jeweils eine Hälfte für Partner A und eine Hälfte für Partner B.
Durchführungsdauer	Stille Vorbereitungszeit: ca. 2–4 Minuten Sprechzeit der S: ca. 2–4 Minuten
Durchführung	Der L händigt jedem S seinen Teil des *Test sheet* aus und erklärt das *Setting* bzw. die Kommunikationssituation. Die S lesen die Arbeitsanweisungen, ggf. folgt eine Aufgabenklärung durch den L. Danach sollten die S ausreichend Zeit haben, sich alles noch einmal in Ruhe anzuschauen und ihre Gedanken zu sammeln (ca. 2–4 Minuten). Der L gibt das Signal für den eigentlichen Prüfungsbeginn und ggf. Hilfestellung während des Gesprächsverlaufs.
Aufgabe	Die *Flowcharts* sind so konzipiert, dass sie typische, alltägliche Gesprächssituationen simulieren. Die Aufgabe besteht darin, die Gesprächssituation anhand einfacher kurzer Sätze, Fragen und isolierter Wendungen zu meistern. Dazu zählen das Verwenden typisch englischer Redewendungen, Idiome und Formulierungen sowie der Verzicht auf Wort-für-Wort Übersetzungen. Eine weitere Aufgabe besteht darin, auf den Partner einzugehen, indem Fragen gestellt und beantwortet werden und auf Gesagtes angemessen reagiert wird.
Fokus	Bei diesem Aufgabenformat steht das dialogische Sprechen im Vordergrund bzw. die Verwendung einfacher, typisch englischer Redewendungen (z. B. *Here you are./You're welcome.*).
Bewertung	Was sich positiv auf die Bewertung auswirkt: – das Verwenden von möglichst typischen und idiomatischen Redewendungen – der Einsatz von passendem Vokabular hinsichtlich des Kontextes – angemesse Reaktionen auf das Gehörte – sinngemäß treffende Übermittlung der Inhalte in einfachen Äußerungen – in Ansätzen flüssiger Kommunikationsablauf mit Hilfestellung des L → Niveaubeschreibung A1 / A1+ (GeR) (Siehe Vorwort / CD-ROM) → Bewertungsbogen A1 / A1+ (Siehe Vorwort / CD-ROM)
Vorkenntnisse	Die S sollten mit der Art des Aufgabenformats gut vertraut sein und die relevanten Redemittel (z. B. *asking the way/buying something/offering help/talking about likes/dislikes*) kennen. Die entsprechenden Situationen, Themen und Wortfelder, wie z. B. *in a restaurant/food and drinks, at school/subjects and homework* oder *in your free time/hobbies,* müssen vorab Gegenstand des Unterrichts gewesen sein.

[1] Gemeinsamer europäischer Referenzrahmen für Sprachen

1   At a snack bar

Partner A

*You are A. You want to order something.
B works in the snack bar. You start talking.*

Begrüße B.

Sage, dass du gerne einen Hamburger und
Pommes hättest.

Bejahe höflich und
frage, was ein Orangensaft kostet.

Sage, dass du eine Limonade nimmst.

Überreiche das Geld,
bedanke und verabschiede dich.

1   At a snack bar

Partner B

*You are B. You work in a snack bar.
A comes into the snack bar and starts talking.*

Grüße A zurück und
frage, was A möchte.

Frage, ob A auch etwas zu trinken möchte.

Ein Orangensaft kostet £ 1.50,
eine Limonade nur £ 1.

Sage, dass alles zusammen £ 4.80 kostet.

(Nimm das Geld entgegen.)
Bedanke dich höflich und
verabschiede dich.

© Ernst Klett Verlag GmbH, Stuttgart 2009 | www.klett.de | Alle Rechte vorbehalten
Von dieser Druckvorlage ist die Vervielfältigung für den eigenen
Unterrichtsgebrauch gestattet. Die Kopiergebühren sind abgegolten.

Speaking Tests Klasse 5–10
ISBN 978-3-12-581107-2

Test sheet: Flowchart

2 At the bus stop

Partner A

You're A. You're standing at the bus stop after school. There's a new pupil (B).
You start talking.

Begrüße B. Stelle dich vor und frage, ob B hier neu ist.

Reagiere überrascht und sage, dass du das toll findest. Heiße B willkommen.

Du gehst in die sechste Klasse. Frage nach Bs Lieblingsfächern.

Sage, dass du Sport auch sehr magst. Du bist Fußballspieler und spielst in der Schulmannschaft.

Frage, ob B Lust hat, nächsten Montag um 15 Uhr im Park Fußball zu spielen.

2 At the bus stop

Partner B

You're B. You're standing at the bus stop after school. You're new at the school. A pupil next to you (A) starts talking.

Bejahe. Sage deinen Namen und dass du aus einer anderen Stadt kommst.

Bedanke dich und sage, in welche Klasse du gehst. Frage, in welche Klasse A geht.

Nenne deine Lieblingsfächer: Biologie und Sport. Frage nach As Lieblingsfächern.

Reagiere darauf begeistert und sage, dass dein Bus gerade kommt.

Stimme begeistert zu und sage, dass du dort sein wirst. Verabschiede dich.

Speaking Tests Klasse 5–10
ISBN 978-3-12-581107-2

3   Can I help?

Partner A

You are A. Your partner B's bike is lying in the road and B is sitting next to it. You have just arrived. You start talking.

Grüße B und
frage, ob du irgendwie helfen kannst.

Frage, was passiert ist.

Frage, wo es weh tut.

Frage, ob B einen Arzt braucht.

Sage, dass du ein Handy hast und Bs Eltern anrufen kannst.

3   Can I help?

Partner B

You are B. You have just had an accident. Your bike is lying in the road and you are sitting next to it. A has just arrived. A starts talking.

Grüße zurück und
sage, dass du gerade einen Unfall hattest.

Sage, dass da plötzlich eine Katze auf der Straße war, so dass du mit deinem Fahrrad hingefallen bist.

Sage, dass dein rechter Fuß sehr weh tut.

Nein, du brauchst keinen Arzt.
Aber du kannst jetzt nicht mehr so gut laufen.

Bedanke dich und
sage, dass A das bitte machen soll.

Speaking Tests Klasse 5–10
ISBN 978-3-12-581107-2

Lehrerhinweise

Visual prompts: Photos

Prüfungsart	Partnerprüfung / Einzelprüfung
Bezug zum GeR[1] Niveaustufe A2 / A2+	Bilder / Fotos beschreiben und miteinander vergleichen, über vertraute Situationen und Erfahrungen des Alltags sprechen
Allgemeines	Auf dem *Test sheet* befindet sich immer ein Test für eine Prüfung zu zweit (Partner A, Partner B) mit jeweils einem Foto zum selben Thema (z. B. *My sport*). Das *Test sheet* wird in der Mitte durchgeschnitten und ergibt dann zwei Testhälften. **Tipp:** Es bietet sich an, die Tests mit den Fotos in Farbe auf der CD-ROM auszudrucken und zu laminieren.
Durchführungsdauer	Stille Vorbereitungszeit der S: ca. 1 Minute Sprechzeit pro S (einzelnes Foto): ca. 2 Minuten Sprechzeit pro S (zwei Fotos vergleichen): ca. 2 Minuten
Durchführung	Die S sollten nach Aushändigung des *Test sheets* kurz Zeit haben, ihre Fotos anzuschauen, Notizen anzufertigen und ihre Gedanken zu sammeln. Der L gibt das Signal für den eigentlichen Prüfungsbeginn und steuert die Sprechzeit der S sowie die Prüfung insgesamt, indem er zu den einzelnen Teilen der Aufgabe überleitet. **Variante:** Einzelprüfung Anhand der CD-ROM lässt sich der Prüfungsbogen leicht zu einer Einzelprüfung ändern. Hierzu muss lediglich der zweite Teil der Arbeitsanweisung so angepasst werden, dass der S über seine eigene Erfahrungswelt sprechen kann, etwa b) *What do you do in your free time? Talk about your free time activities.*
Aufgabe	Die Aufgabe besteht aus zwei Teilen: Im ersten Teil beschreiben die S ihr jeweiliges Foto; im zweiten vergleichen sie ihre Fotos miteinander. a) *Describe your photo in as much detail as possible.* Evtl. Hilfestellung durch den L: *What's the situation?* / *What's happening?* b) *Compare your photo with your partner's photo.* Evtl. Hilfestellung durch den L: *What's different?* / *What's similar?*
Fokus	Bei diesem Aufgabenformat steht das zusammenhängende Sprechen in Form von elementaren Satzstrukturen mit memorierten Wendungen im Vordergrund. Dabei beschreiben die S zunächst ihr Foto und stellen danach noch jeweils zwei bis drei Unterschiede bzw. Gemeinsamkeiten zwischen ihrem Foto und dem Foto ihres Partners heraus. Der L steht stets mit Hilfestellungen unterstützend zur Seite und hält ggf. das Gespräch in Gang. Es geht nicht darum, dass die S über den Inhalt der Fotos weitergehend spekulieren oder über die übergreifende Thematik reflektieren.
Bewertung	Was sich positiv auf die Bewertung auswirkt: – die S äußern einfache, kurze und sachgemäße Beschreibungen – sie können miteinander sprachlich interagieren – sie umschreiben unbekannte (oder nicht erinnerte) Wörter → Niveaubeschreibung A2 / A2+ (GeR) (Siehe Vorwort / CD-ROM) → Bewertungsbogen A2 / A2+ (Siehe Vorwort / CD-ROM)
Vorkenntnisse	Die S sollten mit der Art des Aufgabenformats gut vertraut sein und die relevanten Redemittel zum Beschreiben von Bildern (*talking about pictures*) sowie die kommunikativen Strategien (z. B. *paraphrasing*) und Wortfelder, z. B. zu *sports, friends* und *jobs at home*, kennen.

[1] Gemeinsamer europäischer Referenzrahmen für Sprachen

1a   My sport (Partner A)

a) *Describe your photo in as much detail as possible.*
b) *Compare your photo with your partner's photo.*

1b   My sport (Partner B)

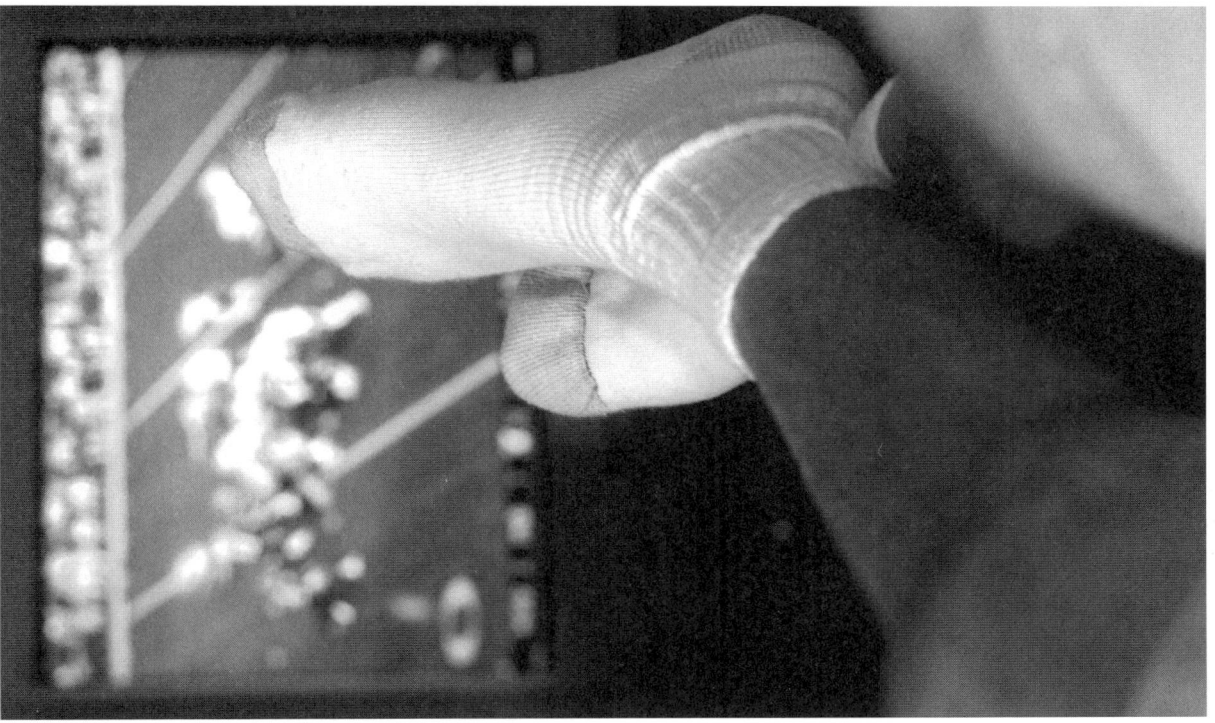

a) *Describe your photo in as much detail as possible.*
b) *Compare your photo with your partner's photo.*

Speaking Tests Klasse 5–10
ISBN 978-3-12-581107-2

2a Trouble at home (Partner A)

a) *Describe your photo in as much detail as possible.*
b) *Compare your photo with your partner's photo.*

2b Trouble at home (Partner B)

a) *Describe your photo in as much detail as possible.*
b) *Compare your photo with your partner's photo.*

 Klett

© Ernst Klett Verlag GmbH, Stuttgart 2009 | www.klett.de | Alle Rechte vorbehalten
Von dieser Druckvorlage ist die Vervielfältigung für den eigenen
Unterrichtsgebrauch gestattet. Die Kopiergebühren sind abgegolten.

Speaking Tests Klasse 5–10
ISBN 978-3-12-581107-2

3a Celebrations (Partner A)

a) *Describe your photo in as much detail as possible.*
b) *Compare your photo with your partner's photo*

- ✂

3b Celebrations (Partner B)

a) *Describe your photo in as much detail as possible.*
b) *Compare your photo with your partner's photo.*

 Klett © Ernst Klett Verlag GmbH, Stuttgart 2009 | www.klett.de | Alle Rechte vorbehalten
Von dieser Druckvorlage ist die Vervielfältigung für den eigenen
Unterrichtsgebrauch gestattet. Die Kopiergebühren sind abgegolten.

Speaking Tests Klasse 5–10
ISBN 978-3-12-581107-2

Lehrerhinweise

Visual prompts: Picture stories

Prüfungsart	Einzelprüfung
Bezug zum GeR[1] Niveaustufe A2 / A2+	Bilder beschreiben; eine (Bild-) Geschichte erzählen; über vertraute Situationen und Erfahrungen des Alltags sprechen
Allgemeines	Auf dem *Test sheet* befindet sich immer eine Bildgeschichte (z. B. *The bike race*). Die Bildgeschichten eignen sich ggf. auch für den Einsatz in der 9./10. Klasse.
Durchführungsdauer	Stille Vorbereitungszeit des S: ca. 5–10 Minuten Sprechzeit des S: ca. 3–6 Minuten
Durchführung	Der L händigt dem S das *Test sheet* aus. Danach sollte er ausreichend Zeit haben, die Bildgeschichte anzuschauen, sich Notizen zu machen und seine Gedanken zu sammeln. Der L gibt das Signal für den eigentlichen Prüfungsbeginn und steuert die Sprechzeit des S und die Prüfung insgesamt.
Aufgabe	Die Aufgabe besteht darin, dass der S zu jedem Bild 2–3 Sätze im *simple present* oder *present progressive* äußert: *Tell the story. Say a few sentences about each picture.* Dabei sollte der L Hilfestellung geben, etwa durch konkrete Vokabelhilfen im Bedarfsfall oder durch Fragen wie z. B. *What can you see in the (first) picture? What can you see in the next picture? / What do you think has happened?* etc.
Fokus	Bei diesem Aufgabenformat steht das zusammenhängende Sprechen in Form von elementaren Satzstrukturen mit memorierten Wendungen und kurzen Wortgruppen im Vordergrund. Der S beschreibt sechs Einzelbilder der Geschichte jeweils in mehreren Sätzen im *simple present* bzw. *present progressive*. Ergebnis ist eine in sich schlüssige Geschichte, die bereits durch die Verwendung von Konjunktionen wie *and, but* und *then* in Ansätzen stilistische Kohärenz aufweist.
Bewertung	Was sich positiv auf die Bewertung auswirkt: – die S äußern einfache, kurze und sachgemäße Beschreibungen der Bilder – die S können Zusammenhänge sprachlich darstellen – sie umschreiben unbekannte (oder nicht erinnerte) Wörter → Niveaubeschreibung A2 / A2+ (GeR) (Siehe Vorwort / CD-ROM) → Bewertungsbogen A2 / A2+ (Siehe Vorwort / CD-ROM)
Vorkenntnisse	Die S sollten mit der Art des Aufgabenformats gut vertraut sein und die relevanten Redemittel zum Beschreiben von Bildern (*talking about pictures*) sowie die kommunikativen Strategien (z. B. *paraphrasing*) kennen. Sie können das *simple present* und *present progressive* sowie einfache Konjunktionen (*and, but, then*) verwenden. Die entsprechenden Situationen, Themen und Wortfelder, wie z. B. *sports, competitions, media, adventures, accidents, free time, costumes* und *holidays,* müssen vorab Gegenstand des Unterrichts gewesen sein.

[1] Gemeinsamer europäischer Referenzrahmen für Sprachen

Lösungsvorschläge

1 The bike race

1. A boy sees a poster about a bike race from London to Brighton. He imagines how happy he would be to win the race and get the prize.
2. Now he is part of the race. There are many other bikers. The boy has an idea how to win.
3. The race starts, and very soon, the boy is last. When nobody sees him, he leaves the road and drives in a different direction.
4. The boy has taken the train to Brighton instead of cycling there. But as he leaves the station, an old lady sees him and takes a picture.
5. Then, the boy goes onto the race road again. He is first, all the other bikers are behind him.
6. So he finishes first and wins the race. He is really excited and the audience cheers for him. But there is also the old lady who saw him leave the station earlier. She knows that he took the train and looks really angry.

2 Meet your favourite star

1. A boy and a girl are looking at a poster. It says that there is a Football match with TV stars where you can meet your favourite star. The boy and the girl are very excited and decide to go there.
2. Some days later, the boy stands in front of the stadium. He's waiting for the girl. The match is about to begin but she is not there yet. He is afraid that she might come too late.
3. At the same time, the girl is in a hurry to get to the stadium on her bike. She doesn't want to be late so she goes very fast.
4. But suddenly, a man opens the door of his car right in front of her. She sees it too late and there's a big crash.
5. Her bike is damaged and her leg hurts. So, the man who opened the car door carries her bike and helps her to get to the stadium.
6. When they arrive at the stadium, reporters take pictures of the man. Lots of people want his autograph. Some people are wearing T-shirts with the man's picture on. The girl's friend puts his arm around her and looks very proud.

3 The costume party

1. A girl is giving party invitations to another girl and a boy. It's a costume party.
2. The girl who got invited is now at home. She has searched through all her clothes but still doesn't know what to wear to the party.
3. She has decided to go as a cat. She is wearing part of her costume and her mother is doing her make-up.
4. Later, the girl is at the party. The girl who invited her and another girl laugh about her and her costume. The other two girls aren't wearing costumes. They are only wearing a little crown and a mask.
5. Then, the boy arrives at the party, too. He is wearing a lion costume. The two girls laugh at him as well. Some other party guests look at them angrily.
6. Later, the cat and the lion are dancing together and are having a lot of fun. They're the centre of the party and everybody cheers for them. The two girls from before are standing on one side and look angry and jealous.

4 Summer camp

1. There is a girl who is going on a trip with some other teenagers. She is standing near the coach with her mother and she has a backpack. The mother is very worried about the trip and imagines how her daughter falls off a mountain.
2. The next day, the group of teenagers is climbing. The girl is afraid to climb on, but another girl is pulling her up and a coach holds her feet.
3. The next activity is rafting. Everybody is having a lot of fun, but the girl is scared.
4. Then, the group goes surfing. The girl sees a big wave coming closer and tries to reach the beach in panic. The others aren't afraid.
5. The trip is over and the group arrives back home. The girl leaves the coach first and runs to her waiting mother. Both are very happy.
6. Now, the girl is back at her house. Two girls are dancing on the table. When the mother enters the room, she is shocked as she sees her daughter falling off the table.

Test sheet: Picture story

1 The bike race

Tell the story. Say a few sentences about each picture.

Klett

© Ernst Klett Verlag GmbH, Stuttgart 2009 | www.klett.de | Alle Rechte vorbehalten
Von dieser Druckvorlage ist die Vervielfältigung für den eigenen
Unterrichtsgebrauch gestattet. Die Kopiergebühren sind abgegolten.

Speaking Tests Klasse 5–10
ISBN 978-3-12-581107-2

2 Meet your favourite star

Tell the story. Say a few sentences about each picture.

Speaking Tests Klasse 5–10
ISBN 978-3-12-581107-2

Test sheet: Picture story

3 The costume party

Tell the story. Say a few sentences about each picture.

Speaking Tests Klasse 5–10
ISBN 978-3-12-581107-2

4   Summer camp

Tell the story. Say a few sentences about each picture.

Speaking Tests Klasse 5–10
ISBN 978-3-12-581107-2

Lehrerhinweise

Simulated situations: Flowcharts

Prüfungsart	Partnerprüfung
Bezug zum GeR[1] Niveaustufe A2/A2+	An klar strukturierten Gesprächen in vertrauten Alltagssituationen teilnehmen; mit anderen Informationen, Meinungen (*agreeing/disagreeing*), Gefühle und Vorlieben und Abneigungen (*likes/dislikes*) austauschen
Allgemeines	Auf dem *Test sheet* befindet sich immer ein Test für eine Prüfung zu zweit (Partner A, Partner B). Das *Test sheet* wird in der Mitte längs durchgeschnitten oder entsprechend gefaltet und ergibt dann jeweils eine Hälfte für Partner A und eine Hälfte für Partner B.
Durchführungsdauer	Stille Vorbereitungszeit der S: ca. 2–4 Minuten Sprechzeit der S: ca. 3–4 Minuten
Durchführung	Der L händigt jedem S seinen Teil des *Test sheet* aus und erklärt das *Setting* bzw. die Kommunikationssituation. Die S lesen die Arbeitsanweisungen, ggf. folgt eine Aufgabenklärung durch den L. Danach sollten die S ausreichend Zeit haben, sich alles noch einmal in Ruhe anzuschauen und ihre Gedanken zu sammeln. Der L gibt das Signal für den eigentlichen Prüfungsbeginn. **Hinweis zur Progression:** Die Vorgaben sind bewusst zum großen Teil stichpunktartig und somit (im Gegensatz zu den noch gelenkteren *Flowcharts* der Klassen 5/6) offener gehalten. Dies ermöglicht den S mehr Gestaltungsvielfalt bzw. dem L mehr Möglichkeiten zur Leistungsdifferenzierung. Begrüßungs- und Verabschiedungsfloskeln sind nicht explizit aufgeführt und müssen von den S selbstständig geleistet werden.
Aufgabe	Die *Flowcharts* sind so konzipiert, dass sie typische, alltägliche Gesprächssituationen simulieren. Die Aufgabe besteht darin, die Gesprächssituation anhand einfacher typischer Redewendungen und Formulierungen zu meistern. Eine weitere Aufgabe besteht darin, auf den Partner einzugehen, indem Fragen gestellt und beantwortet werden und auf Gesagtes angemessen reagiert wird.
Fokus	Bei diesem Aufgabenformat steht die gelungene Gesprächsführung im Vordergrund bzw. das Verwenden typisch englischer Redewendungen (z. B. *Here you are. / You're welcome.*).
Bewertung	Was sich positiv auf die Bewertung auswirkt: – das Verwenden von typischen und idiomatischen Redewendungen – der Einsatz von passendem Vokabular hinsichtlich des Kontextes – angemessene Reaktion auf das Gehörte – sinngemäß treffende Übermittlung der Inhalte – weitgehend flüssiger Kommunikationsablauf mit Hilfestellung des L → Niveaubeschreibung A2 / A2+ (GeR) (Siehe Vorwort / CD-ROM) → Bewertungsbogen A2 / A2+ (Siehe Vorwort / CD-ROM)
Vorkenntnisse	Die S sollten mit der Art des Aufgabenformats gut vertraut sein und die relevanten Redemittel (z. B. *inviting someone / ordering a meal / asking the way / on the phone*) kennen. Die entsprechenden Situationen, Themen und Wortfelder, wie z. B. *free time, parties, jobs, shopping, dancing, going to a restaurant* und *telling the way*, müssen vorab Gegenstand des Unterrichts gewesen sein.

[1] Gemeinsamer europäischer Referenzrahmen für Sprachen

1   Come to my party

Partner A

A wants to have a party and talks to B.

Sage, dass du am Freitag Geburtstag hast.

14 Jahre alt.
Du feierst Freitag eine Party
und lädst B ein.

18.00 Uhr.
Frage, ob B CDs mitbringen kann.

Eltern sagen bis 22.00 Uhr. Sage, dass du
aber darüber nochmal mit ihnen reden
wirst, denn du findest, dass das zu früh ist.

Stimme zu und sage, dass du 13 Leute
eingeladen hast.

Pizza und Pommes frites.

Klar!
Sage, dass du dich schon freust.

1   Come to my party

Partner B

A wants to have a party and talks to B.

Freue dich und
frage, wie alt A wird.

Du freust dich.
Welche Uhrzeit?

Du hast keine, nur mp3.
Frage, wann Schluss sein muss.

Stimme zu und sage, dass das doch kein
Kindergeburtstag ist.

Was gibt es zu essen?

Sage, dass das dein Lieblingsessen ist.
Kommen eigentlich Jungs und Mädchen?

Speaking Tests Klasse 5–10
ISBN 978-3-12-581107-2

Test sheet: Flowchart

2 Dance lessons are embarrassing

Partner A

A wants to take dance lessons at a dance school, B doesn't like dancing.
They talk about it.

Du hast eine Broschüre der lokalen Tanzschule. Nächsten Monat beginnt ein neuer Tanzkurs.
Du findest es nicht peinlich. Es macht Spaß, neue Leute zu treffen.
So ein Quatsch! Viele Leute würden gerne mit B tanzen.
140 Euro / 14 Tanzstunden.
Du findest es gar nicht teuer. Am Ende gibt es einen tollen Ball.
Gute Idee. Du liebst es, tolle Kleidung zu kaufen und fragst, ob ihr gleich in die Stadt gehen könnt.
Einverstanden.

2 Dance lessons are embarrassing

Partner B

A wants to take dance lessons at a dance school, B doesn't like dancing.
They talk about it.

Du tanzt gerne in der Disko aber nicht in der Tanzschule. Du findest Tanzstunden peinlich.
Das glaubst du nicht und du denkst, dass niemand mit dir tanzen will.
Wie viel kostet der Kurs?
Das findest du zu teuer.
Klingt gut. Schlage vor, für die Tanzschule neue Klamotten zu kaufen.
Im Moment keine Zeit, Hausaufgaben, aber du rufst später an.

© Ernst Klett Verlag GmbH, Stuttgart 2009 | www.klett.de | Alle Rechte vorbehalten
Von dieser Druckvorlage ist die Vervielfältigung für den eigenen
Unterrichtsgebrauch gestattet. Die Kopiergebühren sind abgegolten.

Speaking Tests Klasse 5–10
ISBN 978-3-12-581107-2

3 Excuse me, can you tell me the way to ...

Partner A

A wants to go shopping but doesn't know the way to the shopping centre. A asks B the way.

Sprich B an und frage nach dem Weg zum Einkaufszentrum.

Du willst aber kein Geld für den Bus ausgeben.
Wo geht's lang?

Name der Straße?

Die wirst du finden.
Wie geht's weiter?

Finde heraus, ob du alles richtig verstanden hast und wiederhole nochmal, was B gesagt hat.

Sehr gut, klingt gar nicht schwierig!
Bedanke dich für die Hilfe.

Du bedankst dich und wünschst B einen schönen Tag.

3 Excuse me, can you tell me the way to ...

Partner B

A wants to go shopping but doesn't know the way to the shopping centre. A asks B the way.

Es ist ganz schön weit weg.
A soll lieber den Bus nehmen.

Zuerst der Hauptstraße folgen, dann die zweite Straße rechts abbiegen.

Keine Ahnung, aber große Tankstelle an der Ecke.

Immer geradeaus, vorbei an einer Kirche und einem chinesischen Restaurant, dann links abbiegen.

Von nun an kann A Schilder sehen, die den Weg zum Einkaufszentrum zeigen.

Kein Problem.
Du hoffst, dass A den Weg finden wird.
Du wünschst viel Glück und viel Spaß.

Speaking Tests Klasse 5 – 10
ISBN 978-3-12-581107-2

Lehrerhinweise

Simulated situations: Realia

Prüfungsart	Partnerprüfung / Gruppenprüfung
Bezug zum GeR[1] Niveaustufe A2/A2+	An klar strukturierten Gesprächen zu vertrauten Alltagsthemen teilnehmen; mit anderen Informationen, Meinungen (*agreeing/disagreeing*), Gefühle und Vorlieben / Abneigungen (*likes/dislikes*) austauschen und Entscheidungen treffen (*making decisions*)
Allgemeines	Auf dem *Test sheet* befindet sich immer ein Test für eine Prüfung zu zweit (Partner A, Partner B) mit jeweils derselben Realie (z.B. Kino-, Konzertprogramm). Das *Test sheet* wird in der Mitte durchgeschnitten und ergibt dann jeweils zwei Testhälften, eine für Partner A und eine Testhälfte für Partner B. Die *Test sheets* mit den Realien eignen sich ggf. auch für den Einsatz in der 9./10. Klasse.
Durchführungsdauer	Stille Vorbereitungszeit der S: ca. 3 Minuten Sprechzeit der S: ca. 3 Minuten
Durchführung	Der L händigt jedem S seinen Teil des *Test sheet* aus. Danach sollten die S ausreichend Zeit haben, sich mit der Situation und Aufgabe vertraut zu machen, ihre Gedanken zu sammeln und Stichpunkte auf dem *Test sheet* zu markieren oder zu notieren (ca. 3 Minuten). Der L gibt das Signal für den eigentlichen Prüfungsbeginn und steuert die Sprechzeit der S (ca. 3 Minuten) sowie die Prüfung insgesamt. **Variante:** Gruppenprüfung Innerhalb der Gruppenprüfung stellen die S zu dritt ihre Standpunkte dar und kommen zu einer gemeinsamen Entscheidung. Der Titel sowie die Arbeitsanweisung auf dem *Test sheet* werden hierzu anhand der editierbaren Dateien auf der CD-ROM leicht geändert, z.B. *Tourist A, Tourist B* und *Tourist C* anstatt *Partner A* und *Partner B* bzw. *You and your friends are/want to …*.
Aufgabe	In einem ersten Schritt soll sich jeder S die Realie anschauen und über seine persönlichen Vorlieben und Abneigungen nachdenken und stichpunktartig Argumente sammeln, um im zweiten Schritt über die verschiedenen Möglichkeiten mit dem Partner zu diskutieren: a) *First look at … and think about these questions …* b) *Talk about the different … Decide which … is best.* Der L gibt Hilfestellung, v.a. wenn die Gesprächsführung zu lange stockt oder gar nicht aufrechterhalten werden kann. Der L hat insbesondere bei der Gruppenprüfung außerdem eine moderierende Funktion, d.h. er steuert bei Bedarf die Sprechzeit einzelner S bzw. sorgt dafür, dass ein eher zurückhaltender S ebenfalls ausreichend zu Wort kommt.

[1] Gemeinsamer europäischer Referenzrahmen für Sprachen

Fokus Bei diesem Aufgabenformat steht die gelungene Teilnahme an einem Gespräch im Vordergrund. Die S befinden sich in einer bestimmten fiktiven Situation (z. B. *You and your friend are in London for a day. You have decided to go on a city tour together.*) und verfolgen ein bestimmtes Ziel (z. B. *Talk about the different tours. Decide together which tour is best.*). Es gibt eine Realie (z. B. ein Kinoprogramm) und die S diskutieren die verschiedenen Optionen. Es kommt jedoch weniger auf die eigentliche Entscheidung (*Decide together ...*) an, als vielmehr auf den Austausch der Ideen und Meinungen. Während der Trainingsphase sollte der L darauf hinweisen, dass die S immer wieder überzeugende Argumente finden und sprachliche Mittel anwenden sollen, wie etwa Kurzfragen oder Paraphrasen, um z. B. Missverständnisse zu klären und das Gespräch am Laufen zu halten. Maßgeblich sind darüber hinaus auch die sozialen Aspekte, wie das Eingehen auf die Ideen des Gesprächspartners.

Bewertung Was sich positiv auf die Bewertung auswirkt:
- die S verständigen sich erfolgreich in kurzen Redebeiträgen
- sie können auf den Gesprächspartner eingehen und ihn einbeziehen (*turn-taking*)
- sie können das Gespräch mit einiger Hilfestellung für den gewünschten Zeitraum aufrechterhalten

→ Niveaubeschreibung A2 / A2+ (GeR) (Siehe Vorwort / CD-ROM)
→ Bewertungsbogen A2 / A2+ (Siehe Vorwort / CD-ROM)

Vorkenntnisse Die S sollten mit der Art des Aufgabenformats gut vertraut sein und die relevanten Redemittel (z. B. *making and responding to suggestions; agreeing / disagreeing*) sowie kommunikativen Strategien (z. B. *turn-taking, filler words, paraphrasing*) kennen. Die entsprechenden Situationen, Themen und Wortfelder, wie z. B. *tourist attractions, free time activities, bands and concerts* oder *cinema programmes,* müssen vorab Gegenstand des Unterrichts gewesen sein.

Test sheet: Realia

1 London city tour

Partner A

You and your friend are in London for a day. You have decided to go on a city tour together. Here is a programme with all the tours you can take today.

a) *First look at the different tours and think about these questions:*
   – *Which tour sounds really interesting and why?*
   – *Is there a tour you wouldn't like to go on? Why not?*

b) *Talk about the different tours. Decide together which tour is best.*

Type of tour	What is included?	What will you see?	Price / person
London by bike	Bike, tour guide	Main tourist attractions	£20
Minibus tour	Private tour guide	A few sights – you choose which ones	£50
London on foot	Tour guide, entrance fee for one big attraction	One part of London	£30
Hop-on & Hop-off bus tour	Tour guide on each bus, 24 hour ticket	As many sights as you want to see	£25

✂ —

1 London city tour

Partner B

You and your friend are in London for a day. You have decided to go on a city tour together. Here is a programme with all the tours you can take today.

a) *First look at the different tours and think about these questions:*
   – *Which tour sounds really interesting and why?*
   – *Is there a tour you wouldn't like to go on? Why not?*

b) *Talk about the different tours. Decide together which tour is best.*

Type of tour	What is included?	What will you see?	Price / person
London by bike	Bike, tour guide	Main tourist attractions	£20
Minibus tour	Private tour guide	A few sights – you choose which ones	£50
London on foot	Tour guide, entrance fee for one big attraction	One part of London	£30
Hop-on & Hop-off Bus Tour	Tour guide on each bus, 24 hour ticket	As many sights as you want to see	£25

Speaking Tests Klasse 5–10
ISBN 978-3-12-581107-2

2 Birthday party

Partner A

It will soon be your birthday and you are thinking about how to celebrate it.
Your friend is going to help you. Here is a list with your ideas so far.

a) *First look at the list and think about these questions:*
   – *Which idea do you really like and why?*
   – *Is there an idea you don't like as much as the other ideas? Why not?*

b) *Talk about the different ideas. Decide together on the best idea.*

What?	Price / person
Bowling	€ 9.50, including shoe hire
Cinema	€ 7.00, including one drink
Ice skating	€ 8.50, including skate hire
Swimming pool	€ 3.50
Perfect Pizza	€ 7.80, including one drink

2 Birthday party

Partner B

It will soon be your friend's birthday. Your friend wants to celebrate but doesn't yet know how.
Here is a list with your friend's ideas so far.

a) *First look at the list and think about these questions:*
   – *Which idea do you really like and why?*
   – *Is there an idea you don't like as much as the other ideas? Why not?*

b) *Talk about the different ideas. Decide together on the best idea.*

What?	Price / person
Bowling	€ 9.50, including shoe hire
Cinema	€ 7.00, including one drink
Ice skating	€ 8.50, including skate hire
Swimming pool	€ 3.50
Perfect Pizza	€ 7.80, including one drink

© Ernst Klett Verlag GmbH, Stuttgart 2009 | www.klett.de | Alle Rechte vorbehalten
Von dieser Druckvorlage ist die Vervielfältigung für den eigenen
Unterrichtsgebrauch gestattet. Die Kopiergebühren sind abgegolten.

Speaking Tests Klasse 5–10
ISBN 978-3-12-581107-2

Simulated situations: Role play cards

Prüfungsart	Gruppenprüfung / Partnerprüfung
Bezug zum GeR[1] Niveaustufe A2 / A2+	An klar strukturierten Gesprächen zu vertrauten Alltagsthemen teilnehmen; mit anderen Informationen, Meinungen (*agreeing/disagreeing*), Gefühle und Vorlieben / Abneigungen (*likes/dislikes*) austauschen und Entscheidungen treffen
Allgemeines	Auf dem *Test sheet* befindet sich immer ein Test für eine Gruppenprüfung mit bis zu vier Schülern (Partner A, Partner B, Partner C, Partner D). Es gibt jeweils vier Karten, die ausgeschnitten werden. Die Situationsbeschreibung und die Aufgabe auf den *role play cards* sind jeweils gleich, während die *prompts* für die bis zu vier Partner variieren. **Tipp:** Es bietet sich an, die Rollenspielkarten zu laminieren.
Durchführungsdauer	Stille Vorbereitungszeit der S: ca. 3 Minuten Sprechzeit der S: ca. 4 Minuten
Durchführung	Die S erhalten jeder eine *role play card*, lesen die Situation und klären ggf. Fragen mit dem L. Danach sollten sie ausreichend Zeit haben, sich mit der Situation und Aufgabe vertraut zu machen, Stichpunkte zu notieren und ihre Gedanken zu sammeln. Der L gibt das Signal für den eigentlichen Prüfungsbeginn und steuert ggf. moderierend die Sprechzeit der S sowie die Prüfung insgesamt.
Aufgabe	Die Aufgabe ist als Rollenspiel angelegt. Jeder S stellt zunächst seine Idee den anderen Partnern vor, wobei er selbstverständlich auch eigene Ideen einbringen darf. Danach diskutieren die S und entscheiden sich für die beste Idee: *Tell your partners about your idea and decide together on the best ...*
Fokus	Bei diesem Aufgabenformat steht die Teilnahme an einem Gespräch im Vordergrund. Die S befinden sich in einer bestimmten fiktiven Situation und verfolgen ein bestimmtes Ziel. Jeder S findet auf der *role play card* einige *prompts*, die seine Idee bzw. seinen Standpunkt darstellen. Als Erstes stellen die S sich gegenseitig ihre Ideen vor und diskutieren anschließend die verschiedenen Optionen. Es kommt jedoch weniger auf die Entscheidung an, als vielmehr auf den Austausch der Ideen und Meinungen. Die S sollen stets überzeugende Argumente finden und sprachliche Mittel anwenden, wie etwa Kurzfragen oder Paraphrasen, um z. B. Missverständnisse zu klären und das Gespräch am Laufen zu halten. Maßgeblich sind darüber hinaus auch die sozialen Aspekte, wie das Eingehen auf die Ideen des Gesprächspartners.
Bewertung	Was sich positiv auf die Bewertung auswirkt: – die S interagieren relativ flexibel und spontan – sie können auf die anderen Gesprächspartner eingehen und ihn einbeziehen – sie können das Gespräch für den gewünschten Zeitraum aufrechterhalten → Niveaubeschreibung A2 / A2+ (GeR) (Siehe Vorwort / CD-ROM) → Bewertungsbogen A2 / A2+ (Siehe Vorwort / CD-ROM)
Vorkenntnisse	Die S sollten mit der Art des Aufgabenformats gut vertraut sein und die relevanten Redemittel (z. B. *making and responding to suggestions; discussing pros & cons; arguing; giving an opinion*) sowie kommunikativen Strategien (z. B. *turn-taking, filler words, paraphrasing*) kennen. Die entsprechenden Situationen und Themen, z. B. *sports* oder *restaurants,* müssen vorab Gegenstand des Unterrichts gewesen sein.

[1] Gemeinsamer europäischer Referenzrahmen für Sprachen

1   An afternoon of sport

Training session at the fitness studio   **A**

Situation:
You want to spend an afternoon doing sport with your friends.
You think a training session at the fitness studio would be great.

Price: € 10 / person for first session
Equipment: shorts and T-shirt, trainers, towel, shampoo, etc.

What you like: indoor activities, music

Tell the others about your idea and then decide together on the best idea.

A game of golf   **B**

Situation:
You want to spend an afternoon doing sport with your friends.
You think a game of golf would be great.

Price: € 25 / person
Equipment: shorts and T-shirt, trainers, golf equipment can be hired

What you like: outdoor activities, competitions

Tell the others about your idea and then decide together on the best idea.

Hiking trip (20 km) around the area   **C**

Situation:
You want to spend an afternoon doing sport with your friends.
You think a hiking trip (20 km) around the area would be great.

Price: € 6.90 for a map
Equipment: good walking shoes, waterproof clothing, sun hat, food, etc.

What you like: outdoor activities, nature

Tell the others about your idea and then decide together on the best idea.

Swimming at the local pool   **D**

Situation:
You want to spend an afternoon doing sport with your friends.
You think swimming at the local pool would be great.

Price: € 3 / person
Equipment: swimming things, towel, shampoo, etc.

What you like: indoor activities and water, you only have € 7 left

Tell the others about your idea and then decide together on the best idea.

© Ernst Klett Verlag GmbH, Stuttgart 2009 | www.klett.de | Alle Rechte vorbehalten
Von dieser Druckvorlage ist die Vervielfältigung für den eigenen
Unterrichtsgebrauch gestattet. Die Kopiergebühren sind abgegolten.

Speaking Tests Klasse 5–10
ISBN 978-3-12-581107-2

Test sheet: Role play cards

2 A meal with friends

Italian restaurant A

Situation:

You and your friends want to have a meal together. You would like to go to an Italian restaurant. You love healthy food, especially pasta.

Food: pizza / pasta
Price range: £7 – £11 / person

Tell the others about your idea and then decide together what and where you will eat.

Chinese Takeaway B

Situation:

You and your friends want to have a meal together. You would like to go to a Chinese Takeaway. You have only got £5 left.

Food: Chinese food
Price range: £4 – £5 / person

Tell the others about your idea and then decide together what and where you will eat.

At your parents' house C

Situation:

You and your friends want to have a meal together. You would like to cook something together at your parents' house, because you think it's fun.

Food: you choose a recipe
Price range: £3 – £5 / person

Tell the others about your idea and then decide together what and where you will eat.

Fast food restaurant D

Situation:

You and your friends want to have a meal together. You would like to go to a fast food restaurant. You love chips and the little surprises you get there.

Food: burgers / chips / chicken nuggets
Price range: £4 – £7 / person

Tell the others about your idea and then decide together what and where you will eat.

 Klett

© Ernst Klett Verlag GmbH, Stuttgart 2009 | www.klett.de | Alle Rechte vorbehalten
Von dieser Druckvorlage ist die Vervielfältigung für den eigenen
Unterrichtsgebrauch gestattet. Die Kopiergebühren sind abgegolten.

Speaking Tests Klasse 5–10
ISBN 978-3-12-581107-2

3 Choosing a present

Italian stone vase A

Situation:

You are on holiday in Italy with your family and you want to buy a special present for your grandma. You think an Italian stone vase would be great.

Price: € 12

What you know about your grandma:
- her favourite vase broke
- likes useful presents

Tell the other family members about your idea and then decide together on the best present for your grandma.

Basket with Italian pasta B

Situation:

You are on holiday in Italy with your family and you want to buy a special present for your grandma. You think a basket of Italian pasta would be great.

Price: € 15

What you know about your grandma:
- loves cooking / good food
- likes spaghetti

Tell the other family members about your idea and then decide together on the best present for your grandma.

Bottle of Italian grape juice C

Situation:

You are on holiday in Italy with your family and you want to buy a special present for your grandma. You think a bottle of Italian grape juice would be great.

Price: € 6

What you know about your grandma:
- gets angry when you spend too much money on a present for her
- drinks a lot of fruit juice

Tell the other family members about your idea and then decide together on the best present for your grandma.

Picture frame for family photos D

Situation:

You are on holiday in Italy with your family and you want to buy a special present for your grandma. You think a picture frame for family photos would be great.

Price: € 18

What you know about your grandma:
- likes photos of the family
- doesn't have many photo frames

Tell the other family members about your idea and then decide together on the best present for your grandma.

Speaking Tests Klasse 5–10
ISBN 978-3-12-581107-2

Mediation

Prüfungsart	Einzelprüfung / Partnerprüfung
Bezug zum GeR Niveaustufe A2 / A2+	Sprachmittlung / Informationen in eine andere Sprache übermitteln; Zusammenfassen und Paraphrasieren von Texten, sinngemäß richtige Wiedergabe von Informationen aus deutschen Texten für eine englischsprachige Person
Allgemeines	Auf dem *Test sheet* befindet sich immer eine Situationsbeschreibung, ein deutschsprachiger Text für den S sowie die Anweisung, (mündliche) Fragen zum Text auf Englisch zu beantworten. Die entsprechenden Fragen sind im Anschluss an diese Lehrerhinweise aufgelistet.
Durchführungsdauer	Stille Vorbereitungszeit des S: 3 Minuten nach Aushändigung des Textes Sprechzeit / Gesprächszeit während der Prüfung: 3–4 Minuten
Durchführung	Der L händigt dem S das *Test sheet* aus. Der S hat dann eine Vorbereitungszeit, um den Text zu lesen, wichtige Textstellen zu markieren und sich Notizen zu machen bzw. seine Gedanken zu sammeln. Der L gibt das Signal für den eigentlichen Prüfungsbeginn. Er übernimmt die Rolle der Person, die den deutschen Text nicht versteht, und stellt die auf der nächsten Seite aufgeführten Fragen zum Text.

Hinweis:
Die Fragen sind als Vorschläge zu verstehen und können selbstverständlich vom L variiert, in Teilen weggelassen oder in einer anderen Reihenfolge gestellt werden.

Variante: Partnerprüfung
In der Partnervariante hat ein zweiter S als Partner B die Aufgabe, mit Hilfe von *prompts* Fragen zu formulieren bzw. dem Partner A zu stellen. Die *prompts* können vom L aus den im Anschluss an diese Lehrerhinweise aufgeführten Fragen generiert und dem Partner B auf einem gesonderten *Test sheet* gegeben werden.

Aufgabe	Die Aufgabe besteht darin, im Rahmen einer fiktiven einfachen Begegnungssituation einem deutschen Text geforderte Informationen zu entnehmen und sie auf Englisch weiterzugeben. Es geht dabei jedoch nicht um eine 1:1-Übersetzung, sondern um eine nicht-professionelle, allgemein verständliche, sinngemäß richtige Wiedergabe von Informationen.
Fokus	Bei diesem Aufgabenformat steht das sinngemäße Übertragen von deutschen Textinformationen ins Englische in Form von einfachen, sachgemäßen Äußerungen im Vordergrund.
Bewertung	Was sich positiv auf die Bewertung auswirkt:

– sinngemäß richtige Vermittlung der Informationen in einfachen Äußerungen
– möglichst umfangreiche und verständliche Übermittlung der Information, jedoch keine 1:1-Übersetzungen

→ Niveaubeschreibung A2 / A2+ (GeR) (Siehe Vorwort / CD-ROM)
→ Bewertungsbogen A2 / A2+ (Siehe Vorwort / CD-ROM)

Vorkenntnisse	Die S sollten mit der Art des Aufgabenformats vertraut sein und die relevanten Redemittel (z. B. *paraphrasing*) kennen. Die entsprechenden Situationen, Themen und Wortfelder, wie z. B. *soap operas, football stars* und *bands and concerts,* müssen vorab Gegenstand des Unterrichts gewesen sein.

[1] Gemeinsamer europäischer Referenzrahmen für Sprachen

Fragen

1 A sports star

1. Who is Jonathan Schneider? How old is he?
2. What about his career? How did he become a football player?
3. Does the text say anything about his private life? Is he married? Has he got any children?
4. Is there any further interesting information? Does he do any projects for example? Has he won any prizes?

2 A star is born

1. Who is Johnny Wieland? He looks cool. What kind of star is he? How old is he?
2. What about his career? How did he become an actor?
3. Does the article say anything about his private life? What about his family? Does he go to school? What does the text say about 'Badminton'? Is he also good at sport?
4. Is there any further interesting information? What are his plans?

3 A new band

1. What kind of band are the Stage Kidz? What music do they play?
2. What does the text say about the band members? Where do they come from? Which instruments do they play?
3. Is 'Respekt' their new album? What are the songs about?
4. Is there any further interesting information? Where do they usually play?

4 A new soap opera

1. Is 'Josefsplatz' the name of the soap opera? Why? How long has it been on TV?
2. Which days and at what time is it on TV?
3. I like soaps about the rich and beautiful. Can I see them in this soap, too? What is 'Josefsplatz' about?
4. Is there any further information? Is it successful? Has it won any prizes?

Test sheet: Mediation

1 A sports star

Dein englischer Austauschpartner interessiert sich für Fußball und hat diesen Artikel gefunden.
Da er nicht sehr gut Deutsch spricht, bittet er dich um Hilfe. Um seine Fragen beantworten zu können,
lies zuerst den Text.

Jonathan Schneider

Jonathan Schneider, einer unserer besten Fußballspieler, feierte am 19. September seinen 30. Geburtstag. Der Vater von zwei Kindern steht am Ende seiner aktiven Fußballkarriere und beginnt nun neue Projekte für junge Fußballer in Deutschland.

Bereits mit fünf Jahren konnte Schneider sehr gut Fußball spielen und wurde schon bald entdeckt. Seinen Eltern war es jedoch sehr wichtig, dass er erst die Schule beendete, bevor er Fußballer in den großen Vereinen wurde.
Schneider kämpfte zuletzt sechs Jahre für Deutschland in internationalen Wettbewerben und wurde zweimal zum Fußballer des Jahres gewählt.

Beantworte jetzt die Fragen deines Austauschpartners auf Englisch.

Speaking Tests Klasse 5–10
ISBN 978-3-12-581107-2

2   A star is born

Deine englische Austauschpartnerin hat diesen Artikel in deinem Star Magazin gefunden.
Da sie nicht sehr gut Deutsch spricht, bittet sie dich um Hilfe. Um ihre Fragen beantworten zu können,
lies zuerst den Text.

Johnny Wieland   (geb. am 24.12.1990)

ist der Sohn eines Schauspieler-Ehepaares und das jüngste von
vier Geschwistern. Johnny Wieland wohnt mit seinen Eltern in
der Nähe von Berlin.

Schon mit zehn Jahren spielte er an der Seite seines berühmten
Vaters in mehreren Filmen mit. Bekannt wurde er schließlich
durch einen Film über eine erfolgreiche Jugendband.
Inzwischen macht er auch Musik und spielt Schlagzeug in einer
Berliner Band.

Vor zwei Jahren verließ er die Schule, um als Schauspieler zu
arbeiten. Nun aber besucht er die Abendschule, die er beenden
möchte, bevor er für einen neuen Film nach New York geht.
In seiner Freizeit ist er ein ausgezeichneter Badminton-Spieler
und fährt Mountainbike.

Beantworte jetzt die Fragen deiner Austauschpartnerin auf Englisch.

Speaking Tests Klasse 5 – 10
ISBN 978-3-12-581107-2

Test sheet: Mediation

3 A new band

Du hast Besuch von deiner Cousine aus England und ihr möchtet gerne auf ein Konzert gehen. Es gibt in deiner Stadt eine Castingshow, bei der eine neue Band auftritt. Deine Cousine hat diesen Artikel darüber im Stadt-Magazin gefunden. Ihr Deutsch ist nicht sehr gut, so dass du ihr hilfst.
Lies zunächst den Artikel.

Angelo Sinopuli

Sevket Yaren

Jamal ElYadi

Stage Kidz

In der Castingshow *New Bands* hoffen alle auf den großen Durchbruch. Sehr gute Chancen haben die *Stage Kidz* mit ihrer Jazz-Rap-Band aus Frankfurt und ihrem neuen Titel *Respekt*.

Die *Stage Kidz* sind:
Angelo Sinopuli (geb. 15. März 1985 in Mannheim) ist deutsch-italienischer Abstammung. Schon mit acht Jahren begann er mit dem Schlagzeugunterricht.

Jamal ElYadi (geb. 20. Dezember 1983 in Frankfurt am Main) stammt aus Nordafrika. Er ist als Gitarrist und Songwriter das Multitalent der Band.

Sevket Yaren (geb. 5. Oktober 1989 in Freiburg) wurde als Sohn einer Familie aus der Türkei geboren. Er ist der Sänger und Tänzer und damit Frontmann der *Stage Kidz*.

Die *Stage Kidz* haben sich in einem Frankfurter Jugendklub kennen gelernt und singen über Freunde und Spaß, aber auch über Probleme, z. B. mit den Eltern, und die Gefahr durch Drogen.

Beantworte nun die Fragen deiner Cousine auf Englisch.

© Ernst Klett Verlag GmbH, Stuttgart 2009 | www.klett.de | Alle Rechte vorbehalten
Von dieser Druckvorlage ist die Vervielfältigung für den eigenen
Unterrichtsgebrauch gestattet. Die Kopiergebühren sind abgegolten.

Speaking Tests Klasse 5–10
ISBN 978-3-12-581107-2

4 A new soap opera

Deine Tante aus England ist zu Besuch und möchte sich eine deutsche Seifenoper ansehen. In eurer Fernsehzeitschrift hat sie diesen Artikel gefunden. Da sie nur Englisch spricht, bittet sie dich um Hilfe. Lies zuerst den Text.

Josefsplatz

Seit 2002 können wir im Fernsehen täglich von Montag bis Freitag von 18.00 bis 18.30 Uhr das Leben von einigen Bewohnern eines Viertels in Dortmund beobachten.

Die Seifenoper *Josefsplatz* wird in Berlin gedreht, spielt aber in Dortmund. Ganz normale Menschen, wie Schüler, Lehrer, Kellner, Verkäufer und Rentner, gehen einkaufen, arbeiten oder treffen sich mit Freunden. Die Probleme sind alltäglich: Jens wird von seiner Freundin verlassen, Herr Ludwig muss ins Krankenhaus, Bettina wird unerwartet arbeitslos, …

Die Serie hat seit Sendebeginn großen Erfolg, v. a. bei den jugendlichen Zuschauern. Vom Deutschen Jugendclub erhielt sie einen Preis dafür, dass keiner der Charaktere raucht, denn das ist etwas ganz Besonderes.

Beantworte nun die Fragen deiner Tante auf Englisch.

Speaking Tests Klasse 5 – 10
ISBN 978-3-12-581107-2

Lehrerhinweise

Visual prompts: Cartoons

Prüfungsart	Einzelprüfung
Bezug zum GeR[1] **Niveaustufe B1 / B1+**	Bilder / Fotos zu Themen des Alltagslebens beschreiben, den eigenen Standpunkt zum Thema darstellen (*giving an opinion*) und entsprechend argumentieren (*discussing pros & cons; arguing*); ein Gespräch in vertrauten Situationen in Fluss halten und selbst initiativ werden
Allgemeines	Auf dem *Test sheet* befinden sich immer zwei Einzeltests mit jeweils einem *Cartoon*. Das *Test sheet* wird in der Mitte durchgeschnitten und ergibt dann zwei einzelne Tests. **Tipp:** Es bietet sich an, die *Test sheets* auszudrucken und zu laminieren.
Durchführungsdauer	Stille Vorbereitungszeit des S: ca. 1 Minute Sprechzeit des S: ca. 3 Minuten
Durchführung	Der L händigt dem S das *Test sheet* mit dem *Cartoon* aus. Danach sollte der S kurz Zeit haben, um seinen *Cartoon* anzuschauen, ggf. Notizen anzufertigen und seine Gedanken zu sammeln (ca. 1 Minute). Der L gibt das Signal für den eigentlichen Prüfungsbeginn und steuert die Sprechzeit des S (ca. 3 Minuten) sowie die Prüfung insgesamt, indem er zu den einzelnen Teilen der Aufgabe überleitet.
Aufgabe	Im ersten Schritt wird der *Cartoon* beschrieben und im zweiten Schritt wird er interpretiert und kommentiert: *Describe what is happening in the cartoon and talk about it.* Evtl. Hilfestellung durch L: *What can you see? / What's the cartoon about? / What's your opinion on the subject?* etc.
Fokus	Bei diesem Aufgabenformat steht das zusammenhängende Sprechen in Form von gebräuchlichen Strukturen im Vordergrund. Dabei kommt es darauf an, dass der S zunächst den *Cartoon* und die darin dargestellte Situation beschreibt. Im Anschluss daran sollte das übergreifende Thema erkannt und ggf. über die Hintergründe spekuliert sowie ein eigener Standpunkt zum Thema eingenommen werden.
Bewertung	Was sich positiv auf die Bewertung auswirkt: – der S verwendet verhältnismäßig korrekt ein Repertoire gebräuchlicher Strukturen und Redemittel, um den *Cartoon* sachgemäß zu beschreiben – der S nutzt aktiv den Bildimpuls, um über das übergreifende Thema zu sprechen – der S kann das Gespräch für den gewünschten Zeitraum aufrechterhalten → Niveaubeschreibung B1 / B1+ (GeR) (Siehe Vorwort / CD-ROM) → Bewertungsbogen B1 / B1+ (Siehe Vorwort / CD-ROM)
Vorkenntnisse	Der S sollte mit der Art des Aufgabenformats gut vertraut sein und die relevanten Redemittel kennen, um einen *Cartoon* zu beschreiben und den eigenen Standpunkt darzulegen (*giving an opinion*). Er ist mit den nötigen Themenbereichen und Wortfeldern, wie z. B. *media and technology, characteristics of people,* vertraut.

[1] Gemeinsamer europäischer Referenzrahmen für Sprachen

1 Shut up!

"Oh, Shut up."

Describe what is happening in the cartoon and talk about it.

- ✂

2 Simon!

"Honestly Simon, you treat this house like a hotel!"

Describe what is happening in the cartoon and talk about it.

Speaking Tests Klasse 5–10
ISBN 978-3-12-581107-2

Test sheet: Cartoons

3 Trainers

Describe what is happening in the cartoon and talk about it.

4 E-mail

Describe what is happening in the cartoon and talk about it.

Speaking Tests Klasse 5–10
ISBN 978-3-12-581107-2

5 Messages

"Wow! I've got one from someone I know!"

Describe what is happening in the cartoon and talk about it.

- ✂

6 Reading

"Have you any idea how much that playstation cost?"

Describe what is happening in the cartoon and talk about it.

Speaking Tests Klasse 5–10
ISBN 978-3-12-581107-2

| Lehrerhinweise

Visual prompts: Photos

Prüfungsart	Partnerprüfung / Einzelprüfung
Bezug zum GeR[1] Niveaustufe B1 / B1+	Bilder / Fotos zu Themen des Alltagslebens beschreiben, miteinander vergleichen und den eigenen Standpunkt zum Thema darstellen und entsprechend argumentieren; ein Gespräch in vertrauten Situationen in Fluss halten und selbst initiativ werden
Allgemeines	Auf dem *Test sheet* befindet sich immer ein Test für eine Prüfung zu zweit (Partner A, Partner B) mit jeweils einem Foto zum selben Thema (z. B. *Animals*). Das *Test sheet* wird in der Mitte durchgeschnitten und ergibt dann jeweils zwei Testhälften. **Tipp:** Es bietet sich an, die Tests mit den Fotos in Farbe auf der CD-ROM auszudrucken und zu laminieren.
Durchführungsdauer	Stille Vorbereitungszeit der S: ca. 1 Minute Sprechzeit pro S (einzelnes Foto): ca. 1 Minute Sprechzeit pro S (zwei Fotos vergleichen): ca. 2 Minuten Sprechzeit pro S (Fotos kommentieren): ca. 2 Minuten
Durchführung	Nach Aushändigen des *Tests sheets* sollten die S Zeit haben, um die Fotos anzuschauen, ggf. Notizen anzufertigen und ihre Gedanken zu sammeln. Der L gibt das Signal für den Prüfungsbeginn und steuert die Sprechzeit der S. **Variante:** Einzelprüfung Anhand der CD-ROM lässt sich der Prüfungsbogen zu einer Einzelprüfung ändern. Hierzu kann die Arbeitsanweisung so angepasst werden, dass der S nach der Bildbeschreibung seine eigene Meinung äußert, etwa durch: *Describe your photo in as much detail as possible. Say what you think about the scene.*
Aufgabe	Im ersten Teil beschreiben die S ihr jeweiliges Foto detailliert; im zweiten vergleichen sie ihr Foto mit dem ihres Partners und im dritten Teil nehmen sie Stellung zum Thema: *Describe your photo in as much detail as possible. Compare your photo with your partner's photo. Give your opinion about …* Evtl. Hilfestellung durch L: *What do you think about the people in the photo?*
Fokus	Bei diesem Aufgabenformat kommt es neben der Bildbeschreibung darauf an, dass die Fotos thematisch verglichen werden, das übergreifende Thema der Fotos erkannt und ein eigener Standpunkt zum Thema eingenommen wird.
Bewertung	Was sich positiv auf die Bewertung auswirkt: – die S verwenden verhältnismäßig korrekt ein Repertoire gebräuchlicher Strukturen und Redemittel, um die Bilder sachgemäß zu beschreiben – sie können auf den Gesprächspartner eingehen und ihn einbeziehen – sie nutzen aktiv den Bildimpuls, um über das übergreifende Thema zu sprechen – sie können das Gespräch aufrechterhalten → Niveaubeschreibung B1 / B1+ (GeR) (Siehe Vorwort / CD-ROM) → Bewertungsbogen B1 / B1+ (Siehe Vorwort / CD-ROM)
Vorkenntnisse	Die S sollten mit der Art des Aufgabenformats gut vertraut sein und die relevanten Redemittel kennen, um Bilder zu beschreiben und miteinander zu vergleichen und den eigenen Standpunkt darzulegen und Argumente auszutauschen (z. B. *giving an opinion*). Außerdem sollten sie mit kommunikativen Strategien (z. B. *turn-taking, filler words, paraphrasing*) vertraut sein und die entsprechenden Wortfelder, wie z. B. *sports, holiday activities* und *emotions*, kennen.

[1] Gemeinsamer europäischer Referenzrahmen für Sprachen

1a   Animals (Partner A)

Describe your photo in as much detail as possible. Compare your photo with your partner's photo.
Give your opinion about the two 'roles' of dogs.

- ✂

1b   Animals (Partner B)

Describe your photo in as much detail as possible. Compare your photo with your partner's photo.
Give your opinion about the two 'roles' of dogs.

 © Ernst Klett Verlag GmbH, Stuttgart 2009 | www.klett.de | Alle Rechte vorbehalten
Von dieser Druckvorlage ist die Vervielfältigung für den eigenen
Unterrichtsgebrauch gestattet. Die Kopiergebühren sind abgegolten.

Speaking Tests Klasse 5–10
ISBN 978-3-12-581107-2

Test sheet: Photos

2a Holidays (Partner A)

Describe your photo in as much detail as possible. Compare your photo with your partner's photo. Say what you think about the two kinds of holiday.

 -

2b Holidays (Partner B)

Describe your photo in as much detail as possible. Compare your photo with your partner's photo. Say what you think about the two kinds of holiday.

Klett

© Ernst Klett Verlag GmbH, Stuttgart 2009 | www.klett.de | Alle Rechte vorbehalten
Von dieser Druckvorlage ist die Vervielfältigung für den eigenen
Unterrichtsgebrauch gestattet. Die Kopiergebühren sind abgegolten.

Speaking Tests Klasse 5–10
ISBN 978-3-12-581107-2

3a   My first job (Partner A)

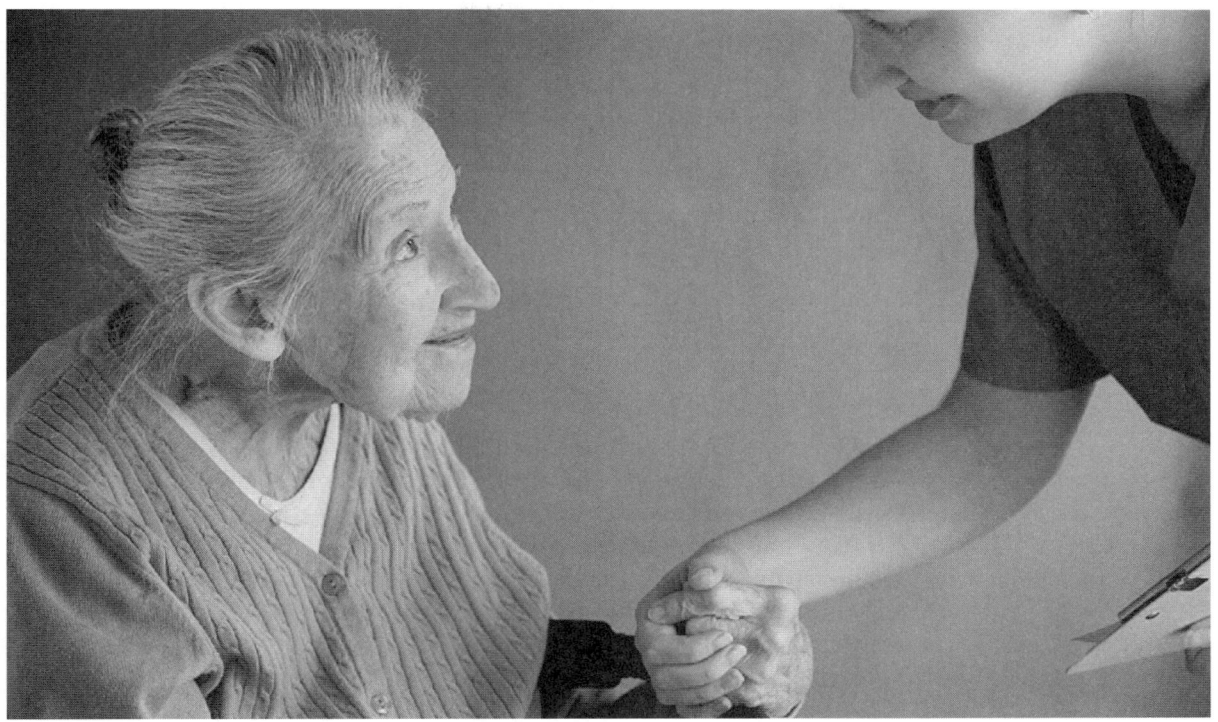

Describe your photo in as much detail as possible. Compare your photo with your partner's photo. Say what you think about the two kinds of work.

✂ -

3b   My first job (Partner B)

Describe your photo in as much detail as possible. Compare your photo with your partner's photo. Say what you think about the two kinds of work.

Speaking Tests Klasse 5–10
ISBN 978-3-12-581107-2

Visual prompts: Picture stories

Prüfungsart	Einzelprüfung
Bezug zum GeR[1] Niveaustufe B1 / B1+	Eine (Bild-) Geschichte relativ flüssig erzählen; über vertraute Situationen und Erfahrungen des Alltags sprechen
Allgemeines	Auf dem *Test sheet* befindet sich eine Bildgeschichte (z. B. *The cartoonist*).
Durchführungsdauer	Stille Vorbereitungszeit des S: ca. 5 – 10 Minuten Sprechzeit des S: ca. 3 – 6 Minuten
Durchführung	Der L händigt dem S das *Test sheet* aus. Danach sollte der S ausreichend Zeit haben, die Bildgeschichte anzuschauen, sich Notizen zu machen und seine Gedanken zu sammeln. Der L gibt das Signal für den eigentlichen Prüfungsbeginn und steuert die Sprechzeit des S und die Prüfung insgesamt.
Aufgabe	Die Aufgabe besteht darin, dass der S zu jedem Bild 2 – 3 Sätze im *simple present* oder *present progressive* äußert und z. B. über das Ende der Geschichte oder die Gedanken der dargestellten Charaktere spekuliert: *Tell the story. Say how the story might end.* Dabei darf und sollte der L Hilfestellung geben, etwa durch konkrete Vokabelhilfen im Bedarfsfall oder durch Fragen und Hinweise wie z. B. *Make sure you use conjunctions and references between the pictures. / What do you think has happened?* etc.
Fokus	Bei diesem Aufgabenformat steht das zusammenhängende Sprechen in Form von freien, gut verständlichen Äußerungen mit gebräuchlichen Strukturen im Vordergrund. Der S soll eine in sich schlüssige Geschichte erzählen und über den Ausgang der Geschichte kurz spekulieren, d. h. es kommt darauf an, dass der S über die reine Bildbeschreibung hinausgeht. Der S bedient sich dabei narrativer Elemente, d. h. Konjunktionen, Zeitenfolge, Vor- bzw. Rückverweise etc.
Bewertung	Was sich positiv auf die Bewertung auswirkt: – der S verwendet freie, gut verständliche Äußerungen mit gebräuchlichen Strukturen – der S kann unbekannte Wörter (oder nicht erinnerte Wörter) umschreiben – der S nutzt das Bildmaterial als Impuls und erzählt sachgemäß die Geschichte – er füllt mit geringer Hilfestellung Leerstellen, indem er z. B. ein eigenes Ende oder das Innenleben der dargestellten Figuren beschreibt → Niveaubeschreibung B1 / B1+ (GeR) (Siehe Vorwort / CD-ROM) → Bewertungsbogen B1 / B1+ (Siehe Vorwort / CD-ROM)
Vorkenntnisse	Der S sollte mit der Art des Aufgabenformats gut vertraut sein und die relevanten Redemittel zum Erzählen von Geschichten (*telling a picture story*), Konjunktionen und kommunikativen Strategien (z. B. *paraphrasing*) kennen und anwenden. Die entsprechenden Situationen, Themen und Wortfelder, wie z. B. *jobs and careers* und *holidays,* müssen vorab Gegenstand des Unterrichts gewesen sein.

---

[1] Gemeinsamer europäischer Referenzrahmen für Sprachen

Lösungsvorschläge

1 The cartoonist

1. There is a boy sitting in a classroom. His teacher is angrily yelling at him because he has drawn a cartoon of Shakespeare instead of writing an essay about his life.
2. Now, there is the Maths teacher in the classroom. This time, the boy drew a cartoon of the teacher, who is furious. Some other students laugh.
3. Later, the boy is at home. His father holds the son's exam results in his hand and is obviously very angry. He thinks that his son will end up homeless and unemployed because of his bad grades.
4. The next day, the boy is in the classroom again, this time it's the chemistry lesson. He is drawing a cartoon of the chemistry teacher.
5. The teacher walks to the boy and sees the cartoon. He is really impressed by the boy's talent. Some other students clap and the boy is really flattered.
6. Ten years later, the boy is a man, and has become the most famous cartoonist in his country. His cartoons of politicians and other celebrities are published in many newspapers and magazines and he earns a lot of money with them.

2 Going on holiday

1. A family is looking at a holiday brochure about Greece. The son doesn't seem satisfied with the clichéd beach holiday shown in the brochure.
2. He shows his parents another brochure about adventure holidays. He already imagines himself with many other people of his age. They are swimming in a lake and having fun.
3. Some weeks later, the boy is on his adventure trip. He is crossing a fast river on a dangerous-looking bridge and seems very scared. Other youngsters are rafting below him.
4. The next days are a nightmare for the teenager. He freezes in his tent at night, is tired and exhausted because of all the extreme sports he has to do and the poor food they cook on the camp. So the boy decides to leave the adventure camp earlier.
5. Three days later, the boy comes back home. He looks really tired and dirty. The rest of the family looks at him surprised as they pack their bags for their beach holiday.

6. Finally, the whole family flies to Greece together. The son especially enjoys the relaxing time on the beach, although his sister makes fun of him.

3 Staying dry

1. There is a girl who is standing in front of her mirror. She has already tried on a lot of clothes.
2. She then leaves the house. She opens her umbrella angrily because she doesn't like the rain outside.
3. Walking through the streets, she is very careful not to step in the puddles. It is still raining.
4. While she waits for the bus, a car drives through a puddle on the street and the water splashes. The girl doesn't get wet because she hides behind a big man.
5. Later, she is in a café when suddenly the waiter stumbles and all the drinks fly towards the girl. A boy jumps up and tries to catch everything and therefore save the girl.
6. Everything lands on the girl's T-shirt. The waiter looks horrified, waiting for the girl to start screaming at him. For one moment she just stares down at her T-shirt. Then she starts laughing and says "Thank God I chose the dotted T-shirt this morning. It looks even better now."

4 The Saturday job

1. A girl is admiring an extraordinary and very expensive pair of shoes in a shop window. They have stripes and cost forty-nine pounds, ninety-nine.
2. At home, she tries to get together the money, but she has only got a few coins.
3. She goes to the shoe shop again. This time, there is a sign in the shop window that says 'Sales assistants needed for Saturdays'.
4. The girl starts work in the shoe shop. She has to bring the shoes in the right sizes to the customers. The work is very hard and stressful.
5. However, thanks to the job, she can soon afford to buy the expensive shoes with the stripes.
6. But as she just leaves the shop wearing her new shoes, she looks into another shop window and sees something else she desperately needs: an amazing dress with stripes for nearly ninety pounds!

Test sheet: Picture story

1   The cartoonist

Tell the story. Say how the story might end.

Speaking Tests Klasse 5–10
ISBN 978-3-12-581107-2

2 Going on holiday

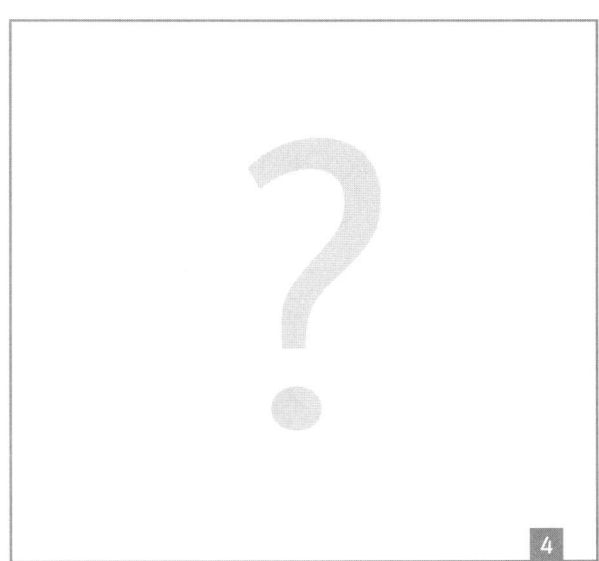

Tell the story. Use your own ideas for picture four.

Speaking Tests Klasse 5–10
ISBN 978-3-12-581107-2

Test sheet: Picture story

3 Staying dry

 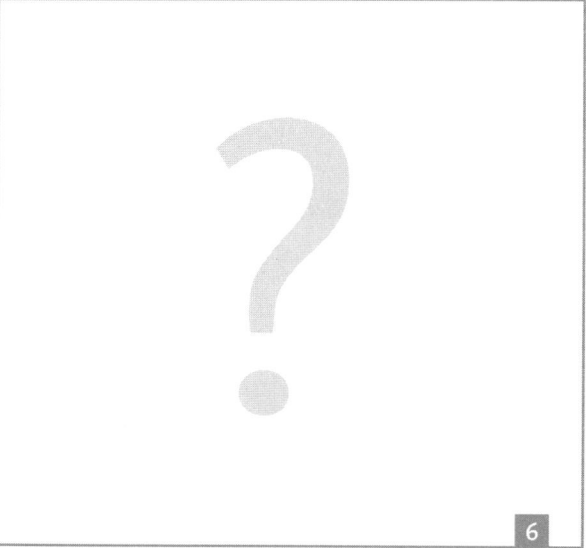

Tell the story. Say how the story might end.

Speaking Tests Klasse 5–10
ISBN 978-3-12-581107-2

Test sheet: Picture story

4 The Saturday job

Tell the story. What might the girl be thinking in each of the pictures?

Speaking Tests Klasse 5–10
ISBN 978-3-12-581107-2

Simulated situations: Flowcharts

Prüfungsart	Partnerprüfung
Bezug zum GeR[1] Niveaustufe B1 / B1+	An klar strukturierten Gesprächen zu vertrauten Alltagsthemen teilnehmen; mit anderen Informationen, Meinungen (*agreeing / disagreeing*), Gefühle und Vorlieben / Abneigungen (*likes / dislikes*) austauschen und Entscheidungen treffen; ein Gespräch in vertrauten Situationen in Fluss halten und selbst initiativ werden; die eigene Meinung kurz darlegen und überzeugend argumentieren
Allgemeines	Auf dem *Test sheet* befindet sich immer ein Test für eine Prüfung zu zweit (Partner A, Partner B). Das *Test sheet* wird in der Mitte längs durchgeschnitten und ergibt dann je eine Hälfte für Partner A und eine Hälfte für Partner B.
Durchführungsdauer	Stille Vorbereitungszeit der S: ca. 2 – 4 Minuten Sprechzeit der S: ca. 4 Minuten
Durchführung	Der L händigt jedem S seinen Teil des *Test sheet* aus und erklärt das *Setting* bzw. die Kommunikationssituation. Die S lesen die Arbeitsanweisungen, ggf. folgt eine Aufgabenklärung durch den L. Danach sollten die S ausreichend Zeit haben, sich alles noch einmal in Ruhe anzuschauen und ihre Gedanken zu sammeln (ca. 2 Minuten). Der L gibt das Signal für den eigentlichen Prüfungsbeginn. **Hinweis zur Progression:** Die Vorgaben sind bewusst zum großen Teil stichpunktartig bzw. allgemein formuliert und somit (im Gegensatz zu den noch gelenkteren *Flowcharts* der Klassen 5/6 und 7/8) offener gehalten. Dies ermöglicht den S mehr Gestaltungsvielfalt bzw. dem L mehr Möglichkeiten zur Leistungsdifferenzierung. Begrüßungs- und Verabschiedungsfloskeln sind nicht explizit aufgeführt und müssen von den S selbstständig geleistet werden.
Aufgabe	Die *Flowcharts* sind so konzipiert, dass sie typische, alltägliche Gesprächssituationen simulieren. Die Aufgabe besteht darin, die Gesprächssituation zu meistern. Das bedeutet, dass typisch englische Redewendungen, Idiome und Formulierungen verwendet werden sollten. Eine weitere Aufgabe besteht darin, auf den Partner einzugehen: Es müssen Fragen gestellt und beantwortet und auf Gesagtes muss angemessen reagiert werden.
Fokus	Bei diesem Aufgabenformat steht die gelungene Gesprächsführung im Vordergrund bzw. das Verwenden typisch englischer Redewendungen (z.B. *Here you are. / You're welcome.*).
Bewertung	Was sich positiv auf die Bewertung auswirkt: – das Verwenden von typischen und idiomatischen Redewendungen – der Einsatz von passendem Vokabular hinsichtlich des Kontextes – angemesse Reaktion auf das Gehörte – sinngemäß treffende Übermittlung der Inhalte – flüssiger Kommunikationsablauf → Niveaubeschreibung B1 / B1+ (GeR) (Siehe Vorwort / CD-ROM) → Bewertungsbogen B1 / B1+ (Siehe Vorwort / CD-ROM)
Vorkenntnisse	Die S sollten mit der Art des Aufgabenformats gut vertraut sein und die relevanten Redemittel (z. B. *complaining / ordering a meal*) kennen. Die entsprechenden Situationen und Themen, wie z. B. *In a restaurant / food and drinks* oder *At school / organizing an event,* müssen vorab Gegenstand des Unterrichts gewesen sein.

[1] Gemeinsamer europäischer Referenzrahmen für Sprachen

Test sheet: Flowchart

1   At a restaurant

Partner A

A is the guest, B is the waiter/waitress.

Grüße B und frage höflich nach der Speisekarte.

Du bist Vegetarier/-in.
Frage, ob es auch (noch andere) vegetarische Gerichte gibt.

Bestelle höflich ein Getränk und ein Gericht.

Bedanke dich.
Dann: rufe B empört zurück.
Eine Fliege im Gericht!

Du bist aufgebracht, willst den Geschäftsführer.

Nein, du schimpfst weiter und möchtest zahlen.

Lenke ein, das kann ja mal passieren.
Du gibst B zumindest ein Trinkgeld und zeigst dich versöhnlich.

1   At a restaurant

Partner B

A is the guest, B is the waiter/waitress.

Du bringst die Speisekarte und empfiehlst das Tagesgericht (nenne ein Gericht deiner Wahl).

Ja, auf der Speisekarte.
Salate sind besonders empfehlenswert.
Etwas zu trinken?

Bringe Getränk und Gericht und wünsche Guten Appetit.

Entschuldige dich vielmals.
Du wirst sofort in der Küche Bescheid geben.

Der ist leider außer Haus.
Es tut dir furchtbar leid.
Frage, ob du etwas anderes bringen darfst.

A braucht natürlich nichts zu zahlen, geht aufs Haus.

© Ernst Klett Verlag GmbH, Stuttgart 2009 | www.klett.de | Alle Rechte vorbehalten
Von dieser Druckvorlage ist die Vervielfältigung für den eigenen
Unterrichtsgebrauch gestattet. Die Kopiergebühren sind abgegolten.

Speaking Tests Klasse 5–10
ISBN 978-3-12-581107-2

Test sheet: Flowchart

2 That's not fair!

Partner A

A and B are in the same class. The class is not allowed to go on a trip. A and B talk about it.

Frage, was B darüber denkt, dass die Klasse keinen Ausflug machen darf.

Du auch, du kannst es nicht glauben. Warum dürfen sie eigentlich nicht?

Welche Schüler haben sich wann / wo nicht gut benommen?

Aber da können doch A und B nichts dafür! Was können sie tun?

Widerspreche.
Die Schüler sollten selbst etwas tun.
Vielleicht besser benehmen?

Stimme zu, dann kommt dir eine Idee: Alle Schüler sollen etwas gemeinsam organisieren, und zwar (lass dir etwas einfallen, schlage es vor).

Du freust dich und bist einverstanden.

2 That's not fair!

Partner B

A and B are in the same class. The class is not allowed to go on a trip. A and B talk about it.

Du bist sehr ärgerlich.

Einige Schüler haben sich nicht gut benommen.

(Lass dir etwas einfallen, was eine andere Klasse angestellt hat.)

Vielleicht etwas organisieren?
Die Eltern könnten sich beim Schulleiter beschweren.

Reicht nicht, außerdem zu spät.
Was anderes?

Du bist begeistert und schlägst vor, gleich damit zu beginnen.

Speaking Tests Klasse 5–10
ISBN 978-3-12-581107-2

3 Did you like the film?

Partner A

A and B have been to the cinema together.
They talk about the film.

Du fandest den Film sehr langweilig.

Nichts passiert und schlechte Schauspieler.

Quatsch!
Die war nur schön, sonst schlecht.

Stimmt.
Gut gespielt, aber Rolle zu klein.

Naja.
Finde an Bs Vorschlag wieder etwas zu nörgeln.

Naja.
Später langweilig.

Hat nur 90 Minuten gedauert.

3 Did you like the film?

Partner B

A and B have been to the cinema together.
They talk about the film.

Widerspreche.
Film gar nicht so schlecht.

Widerspreche.
Weibliche Hauptrolle war doch gut besetzt.

Gar nichts gut?
Was ist mit dem Freund des Hauptdarstellers?

Stimme zu.
Schlage etwas anderes vor, das dir am Film gefallen hat.

Stimme zu.
Am Anfang sehr spannend.

Widerspreche.
Also gar nichts gut?

Speaking Tests Klasse 5–10
ISBN 978-3-12-581107-2

Lehrerhinweise

Simulated situations: Realia

Prüfungsart	Partnerprüfung / Gruppenprüfung
Bezug zum GeR[1] **Niveaustufe B1 / B1+**	An klar strukturierten Gesprächen zu vertrauten Alltagsthemen teilnehmen; mit anderen Informationen, Meinungen (*agreeing / disagreeing*), Gefühle und Vorlieben / Abneigungen (*likes / dislikes*) austauschen und Entscheidungen treffen (*making decisions*); ein Gespräch in vertrauten Situationen in Fluss halten und selbst initiativ werden; die eigene Meinung kurz darlegen und überzeugend argumentieren
Allgemeines	Auf dem *Test sheet* befindet sich immer ein Test für eine Prüfung zu zweit (Partner A, Partner B) mit jeweils derselben Realie (z. B. TV-Programm, Menükarte). Das *Test sheet* wird in der Mitte durchgeschnitten und ergibt dann jeweils zwei Testhälften (Partner A und Partner B). Die *Test sheets* mit den Realien für die Klassenstufe 7/8 eignen sich ggf. auch für den Einsatz in der 9./10. Klasse.
Durchführungsdauer	Stille Vorbereitungszeit der S: ca. 3 Minuten Sprechzeit der S: ca. 3 Minuten
Durchführung	Der L händigt jedem S seinen Teil des *Test sheet* aus. Danach sollten die S ausreichend Zeit haben, sich mit der Situation und Aufgabe vertraut zu machen, ihre Gedanken zu sammeln und Stichpunkte auf dem *Test sheet* zu markieren oder zu notieren (ca. 3 Minuten). Der L gibt das Signal für den eigentlichen Prüfungsbeginn und steuert die Sprechzeit der S (ca. 3 Minuten) sowie die Prüfung insgesamt. **Variante:** Gruppenprüfung Innerhalb der Gruppenprüfung stellen die S zu dritt ihre Standpunkte dar und kommen zu einer gemeinsamen Entscheidung. Der Titel sowie die Arbeitsanweisung auf dem *Test sheet* werden hierzu anhand der editierbaren Dateien auf der CD-ROM leicht geändert, z. B. *Tourist A*, *Tourist B* und *Tourist C* anstatt *Partner A* und *Partner B* bzw. *You and your friends are / want to …*
Aufgabe	In einem ersten Schritt soll sich jeder S die Realie anschauen und über seine persönlichen Vorlieben und Abneigungen nachdenken und stichpunktartig Argumente sammeln, um im zweiten Schritt über die verschiedenen Möglichkeiten mit dem Partner zu diskutieren: a) *First look at … and think about these questions …* b) *Talk about the different … Decide which … is best.* Der L sollte nur dann eingreifen, wenn die Gesprächsführung andernfalls nicht aufrechterhalten werden kann. Der L hat v. a. bei der Gruppenprüfung zudem eine moderierende Funktion, d. h. er steuert bei Bedarf die Sprechzeit einzelner S bzw. sorgt dafür, dass ein eher zurückhaltender S ebenfalls zu Wort kommt.

[1] Gemeinsamer europäischer Referenzrahmen für Sprachen

Fokus Bei diesem Aufgabenformat steht die gelungene Teilnahme an einem Gespräch im Vordergrund. Die S befinden sich in einer bestimmten fiktiven Situation (z. B. *You and your friend want to go on holiday together.*) und verfolgen ein bestimmtes Ziel (z. B. *Talk about the different trips. Decide together on the best trip.*). Es gibt einen *prompt* (z. B. eine Übersicht mit verschiedenen Reisezielen und weitere Infos) und die S diskutieren die verschiedenen Optionen. Es kommt jedoch weniger auf die Entscheidung (*Decide together …*) an, als vielmehr auf den Austausch der Ideen und Meinungen. Während der Trainingsphase sollte der L darauf hinweisen, dass die S immer wieder überzeugende Argumente finden und sprachliche Mittel anwenden sollen, wie etwa Kurzfragen oder Paraphrasen, um z. B. Missverständnisse zu klären und das Gespräch am Laufen zu halten. Maßgeblich sind darüber hinaus auch die sozialen Aspekte, wie das Eingehen auf die Ideen des Gesprächspartners.

Bewertung Was sich positiv auf die Bewertung auswirkt:
- die S interagieren relativ flexibel und spontan
- sie können auf den Gesprächspartner eingehen und ihn einbeziehen (*turn-taking*)
- sie bringen sich aktiv in die Diskussion ein
- sie können das Gespräch für den gewünschten Zeitraum aufrechterhalten

→ Niveaubeschreibung B1 / B1+ (GeR) (Siehe Vorwort / CD-ROM)
→ Bewertungsbogen B1 / B 1+ (Siehe Vorwort / CD-ROM)

Vorkenntnisse Die S sollten mit der Art des Aufgabenformats gut vertraut sein und die relevanten Redemittel (z. B. *making and responding to suggestions; agreeing / disagreeing; discussing pros & cons; arguing; giving an opinion*) sowie kommunikativen Strategien (z. B. *turn-taking, filler words, paraphrasing*) kennen. Die entsprechenden Situationen, Themen und Wortfelder, wie z. B. *tourist attractions, free time activities* oder *TV programmes,* müssen vorab Gegenstand des Unterrichts gewesen sein.

Test sheet: Realia

1 Going on holiday together

Partner A

You and your friend want to go on holiday together. The people from the travel agent's have given you a list of possible trips for teenagers.

a) *First look at the list and think about these questions:*
   - *Which trip do you really like and why?*
   - *Are there any trips you don't like at all? Why not?*

b) *Talk about the different trips. Decide together on the best trip.*

What?	Where?	How to get there?	How long?	When?	Price?
Language holiday	language school in England	by plane	10 days	mid-August	€1,000
Camping trip	campsite in Austria	by bus	1 week	end of July	€400
Beach holiday	campsite in Italy	by bus	1 week	July – August	€500
Bike trip	youth hostels in Germany	by bus	5 days	early August	€150
City trip	hotel in Paris	by train	3 days	end of August	€350

1 Going on holiday together

Partner B

You and your friend want to go on holiday together. The people from the travel agent's have given you a list of possible trips for teenagers.

a) *First look at the list and think about these questions:*
   - *Which trip do you really like and why?*
   - *Are there any trips you don't like at all? Why not?*

b) *Talk about the different trips. Decide together on the best trip.*

What?	Where?	How to get there?	How long?	When?	Price?
Language holiday	language school in England	by plane	10 days	mid-August	€1,000
Camping trip	campsite in Austria	by bus	1 week	end of July	€400
Beach holiday	campsite in Italy	by bus	1 week	July – August	€500
Bike trip	youth hostels in Germany	by bus	5 days	early August	€150
City trip	hotel in Paris	by train	3 days	end of August	€350

© Ernst Klett Verlag GmbH, Stuttgart 2009 | www.klett.de | Alle Rechte vorbehalten
Von dieser Druckvorlage ist die Vervielfältigung für den eigenen
Unterrichtsgebrauch gestattet. Die Kopiergebühren sind abgegolten.

Speaking Tests Klasse 5 – 10
ISBN 978-3-12-581107-2

Test sheet: Realia

2 Day trips around Melbourne

Partner A

You and your friend are in Melbourne (Australia). You want to go on a day trip together in the area around Melbourne. Here is a programme with all the trips available today.

a) *First look at the list and think about these questions:*
   - *Which trip and place sound really interesting to you and why?*
   - *Is there a trip you wouldn't like to go on? Why not?*

b) *Talk about the different trips and places. Decide together on the best day trip.*

Trip	What is included?	What will you see?	Price / person
Phillip Island	Bus ride, all entrance fees	Wild penguins, one of Australia's best swimming and surfing beaches; park with kangaroos and koalas	$83
Great Ocean Road	Bus ride, tour guide on board, entrance fee to National Park	Spectacular views of the ocean, huge cliffs, rainforest and beautiful waterfalls	$110
Geelong Adventure Park	Bus ride, entrance fee to water park	six pools, terrific water slides, roller coasters, aqua bikes, paddle boats	$40
Goldfields	Bus ride, tour guide, entrance fee to museum and wildlife park	Old gold-mining town (outdoor museum); crocodiles, snakes, and kangaroos in wildlife park	$120

--------------------------------✂----

2 Day trips around Melbourne

Partner B

You and your friend are in Melbourne (Australia). You want to go on a day trip together in the area around Melbourne. Here is a programme with all the trips available today.

a) *First look at the list and think about these questions:*
   - *Which trip and place sound really interesting to you and why?*
   - *Is there a trip you wouldn't like to go on? Why not?*

b) *Talk about the different trips and places. Decide together on the best day trip.*

Trip	What is included?	What will you see?	Price / person
Phillip Island	Bus ride, all entrance fees	Wild penguins, one of Australia's best swimming and surfing beaches; park with kangaroos and koalas	$83
Great Ocean Road	Bus ride, tour guide on board, entrance fee to National Park	Spectacular views of the ocean, huge cliffs, rainforest and beautiful waterfalls	$110
Geelong Adventure Park	Bus ride, entrance fee to water park	six pools, terrific water slides, roller coasters, aqua bikes, paddle boats	$40
Goldfields	Bus ride, tour guide, entrance fee to museum and wildlife park	Old gold-mining town (outdoor museum); crocodiles, snakes, and kangaroos in wildlife park	$120

 Klett
© Ernst Klett Verlag GmbH, Stuttgart 2009 | www.klett.de | Alle Rechte vorbehalten
Von dieser Druckvorlage ist die Vervielfältigung für den eigenen
Unterrichtsgebrauch gestattet. Die Kopiergebühren sind abgegolten.

Speaking Tests Klasse 5–10
ISBN 978-3-12-581107-2

Simulated situations: Role play cards

Prüfungsart	Gruppenprüfung / Partnerprüfung
Bezug zum GeR[1] Niveaustufe B1/B1+	An klar strukturierten Gesprächen zu vertrauten Alltagsthemen teilnehmen; mit anderen Informationen, Meinungen (*agreeing/disagreeing*), Gefühle und Vorlieben / Abneigungen (*likes/dislikes*) austauschen und Entscheidungen treffen
Allgemeines	Auf dem *Test sheet* befindet sich immer ein Test für eine Gruppenprüfung mit bis zu vier Schülern (Partner A, Partner B, Partner C, Partner D). Es gibt jeweils vier Karten, die ausgeschnitten werden. Die Situationsbeschreibung und die Aufgabe auf den *role play cards* sind jeweils gleich, während die *prompts* für die bis zu vier Partner variieren. **Tipp**: Es bietet sich an, die Rollenspielkarten zu laminieren.
Durchführungsdauer	Stille Vorbereitungszeit der S: ca. 3 Minuten Sprechzeit der S: ca. 4 Minuten
Durchführung	Die S erhalten jeder eine *role play card*, lesen die Situation und klären ggf. Fragen mit dem L. Danach sollten sie ausreichend Zeit haben, sich mit der Situation und Aufgabe vertraut zu machen, Stichpunkte zu notieren und ihre Gedanken zu sammeln. Der L gibt das Signal für den eigentlichen Prüfungsbeginn und steuert ggf. moderierend die Sprechzeit der S sowie die Prüfung insgesamt.
Aufgabe	Die Aufgabe ist als Rollenspiel angelegt. Jeder S stellt zunächst seine Idee den anderen Partnern vor, wobei er selbstverständlich auch eigene Ideen einbringen darf. Danach diskutieren die S und entscheiden sich für die beste Idee: *Tell your partners about your idea and decide together on the best …*
Fokus	Bei diesem Aufgabenformat steht die Teilnahme an einem Gespräch im Vordergrund. Die S befinden sich in einer bestimmten fiktiven Situation und verfolgen ein bestimmtes Ziel. Jeder S findet auf der *role play card* einige *prompts*, die seine Idee bzw. seinen Standpunkt darstellen. Als Erstes stellen die S sich gegenseitig ihre Ideen vor und diskutieren anschließend die verschiedenen Optionen. Es kommt jedoch weniger auf die Entscheidung an, als vielmehr auf den Austausch der Ideen und Meinungen. Die S sollen stets überzeugende Argumente finden und sprachliche Mittel anwenden, wie etwa Kurzfragen oder Paraphrasen, um z. B. Missverständnisse zu klären und das Gespräch am Laufen zu halten. Maßgeblich sind darüber hinaus auch die sozialen Aspekte, wie das Eingehen auf die Ideen des Gesprächspartners.
Bewertung	Was sich positiv auf die Bewertung auswirkt: – die S interagieren relativ flexibel und spontan – sie können auf die anderen Gesprächspartner eingehen und ihn einbeziehen – sie können das Gespräch für den gewünschten Zeitraum aufrechterhalten → Niveaubeschreibung B1 / B1+ (GeR) (Siehe Vorwort / CD-ROM) → Bewertungsbogen B1 / B1+ (Siehe Vorwort / CD-ROM)
Vorkenntnisse	Die S sollten mit der Art des Aufgabenformats gut vertraut sein und die relevanten Redemittel (z. B. *making and responding to suggestions; discussing pros & cons; arguing; giving an opinion*) sowie kommunikativen Strategien (z. B. *turn-taking, filler words, paraphrasing*) kennen. Die entsprechenden Situationen und Themen, z. B. *sports* oder *restaurants,* müssen vorab Gegenstand des Unterrichts gewesen sein.

[1] Gemeinsamer europäischer Referenzrahmen für Sprachen

1 16th birthday present

A new skateboard — A

Situation:

It will soon be your friend's 16th birthday and you and your friends want to put your money together and buy Paula a big present.
You think a new skateboard would be great.

What you know about your friend:
– her old skateboard broke a week ago
– is good at sports

Tell the other friends about your idea and decide together on the best present for Paula.

A trip to Berlin — B

Situation:

It will soon be your friend's 16th birthday and you and your friends want to put your money together and buy Paula a big present.
You think a trip to Berlin would be great.

What you know about your friend:
– loves travelling
– has never been to Berlin

Tell the other friends about your idea and decide together on the best present for Paula.

A ticket for a concert — C

Situation:

It will soon be your friend's 16th birthday and you and your friends want to put your money together and buy Paula a big present.
You think a concert ticket would be great.

What you know about your friend:
– member of a band
– plays the guitar

Tell the other friends about your idea and decide together on the best present for Paula.

A reading lamp — D

Situation:

It will soon be your friend's 16th birthday and you and your friends want to put your money together and buy Paula a big present.
You think a reading lamp would be great.

What you know about your friend:
– loves reading
– likes to stay up late at night in bed

Tell the other friends about your idea and decide together on the best present for Paula.

 Klett

© Ernst Klett Verlag GmbH, Stuttgart 2009 | www.klett.de | Alle Rechte vorbehalten
Von dieser Druckvorlage ist die Vervielfältigung für den eigenen
Unterrichtsgebrauch gestattet. Die Kopiergebühren sind abgegolten.

Speaking Tests Klasse 5–10
ISBN 978-3-12-581107-2

Test sheet: Role play cards

2 The perfect job

Bank clerk A

Situation:

Your friend will finish school next year and she has no idea what job she should do. She has asked you for some advice. You think a bank clerk might be a good idea.

What you know about your friend:
- likes people
- always friendly and polite
- good at Maths

Tell the others about your idea and then decide together which job is best for your friend.

Shop assistant B

Situation:

Your friend will finish school next year and she has no idea what job she should do. She has asked you for some advice. You think a shop assistant might be a good idea.

What you know about your friend:
- likes people
- always friendly and polite
- good at Maths

Tell the others about your idea and then decide together which job is best for your friend.

Playschool helper C

Situation:

Your friend will finish school next year and she has no idea what job she should do. She has asked you for some advice. You think a playschool helper might be a good idea.

What you know about your friend:
- likes people
- always friendly and patient
- good with children

Tell the others about your idea and then decide together which job is best for your friend.

Nurse D

Situation:

Your friend will finish school next year and she has no idea what job she should do. She has asked you for some advice. You think a nurse might be a good idea.

What you know about your friend:
- likes people
- always friendly and patient
- good at helping others

Tell the others about your idea and then decide together which job is best for your friend.

Speaking Tests Klasse 5–10
ISBN 978-3-12-581107-2

Test sheet: Role play cards

3   Donating money

Donation to Greenpeace · A

Situation:

Your class has won £300 in a competition and you want to give some of the money to other people or to an organization.
You think you should donate the money to Greenpeace.

Background information:

You have read that Greenpeace needs money to protect whales and other sea animals.

Tell the others about your idea and then discuss the different possibilities. Decide together who should get the £300 and why.

Support your local playschool · B

Situation:

Your class has won £300 in a competition and you want to give some of the money to other people or to an organization.
You think you should support the local playschool.

Background information:

You have read in the newspaper that the playschool needs new toys and furniture.

Tell the others about your idea and then discuss the different possibilities. Decide together who should get the £300 and why.

Big school party for everyone · C

Situation:

Your class has won £300 in a competition and you want to give some of the money to other people or to an organization.
You think a big school party for everyone would be great.

Background information:

Your school will be 40 years old next year and you want to celebrate.

Tell the others about your idea and then discuss the different possibilities. Decide together who should get the £300 and why.

Books for the school library · D

Situation:

Your class has won £300 in a competition and you want to give some of the money to other people or to an organization.
You think new books for the school library would be great.

Background information:

There aren't enough up-to-date books in the library at your school.

Tell the others about your idea and then discuss the different possibilities. Decide together who should get the £300 and why.

 Klett

© Ernst Klett Verlag GmbH, Stuttgart 2009 | www.klett.de | Alle Rechte vorbehalten
Von dieser Druckvorlage ist die Vervielfältigung für den eigenen
Unterrichtsgebrauch gestattet. Die Kopiergebühren sind abgegolten.

Speaking Tests Klasse 5–10
ISBN 978-3-12-581107-2

Lehrerhinweise

Mediation

Prüfungsart	Einzelprüfung / Partnerprüfung
Bezug zum GeR[1] Niveaustufe B1/B1+	Sprachmittlung / Informationen in eine andere Sprache übermitteln; Zusammenfassen und Paraphrasieren von Texten, sinngemäß richtige Wiedergabe von Informationen aus deutschen Texten für eine englischsprachige Person
Allgemeines	Auf dem *Test sheet* befindet sich immer eine Situationsbeschreibung, ein deutschsprachiger Text für den S sowie die Anweisung, (mündliche) Fragen zum Text auf Englisch zu beantworten. Die entsprechenden Fragen sind im Anschluss an diese Lehrerhinweise aufgelistet.
Durchführungsdauer	Stille Vorbereitungszeit des S: 5 – 10 Minuten nach Aushändigung des Textes Sprechzeit / Gesprächszeit während der Prüfung: 5 – 7 Minuten
Durchführung	Der L händigt dem S das *Test sheet* aus. Der S hat dann eine Vorbereitungszeit, um den Text zu lesen, wichtige Textstellen zu markieren und sich Notizen zu machen bzw. seine Gedanken zu sammeln. Der L gibt das Signal für den eigentlichen Prüfungsbeginn. Er übernimmt die Rolle der Person, die den deutschen Text nicht versteht, und stellt die auf der nächsten Seite aufgeführten Fragen zum Text.

Hinweis:
Die Fragen sind als Vorschläge zu verstehen und können selbstverständlich vom L variiert, in Teilen weggelassen oder in einer anderen Reihenfolge gestellt werden.

Variante: Partnerprüfung
In der Partnervariante hat ein zweiter S als Partner B die Aufgabe, mit Hilfe von *prompts* Fragen zu formulieren bzw. dem Partner A zu stellen. Die *prompts* können vom L aus den im Anschluss an diese Lehrerhinweise aufgeführten Fragen generiert und dem Partner B auf einem gesonderten *Test sheet* gegeben werden.

Aufgabe	Die Aufgabe besteht darin, im Rahmen einer fiktiven einfachen Begegnungssituation einem deutschen Text geforderte Informationen zu entnehmen und sie auf Englisch weiterzugeben. Es geht dabei jedoch nicht um eine 1:1-Übersetzung, sondern um eine nicht-professionelle, allgemein verständliche, sinngemäß richtige Wiedergabe von Informationen.
Fokus	Bei diesem Aufgabenformat steht das sinngemäße Übertragen von deutschen Textinformationen ins Englische in Form von gebräuchlichen Strukturen und Redemitteln im Vordergrund.
Bewertung	Was sich positiv auf die Bewertung auswirkt:

- sinngemäß richtige Vermittlung der Informationen in Form von gebräuchlichen Strukturen und Redemitteln
- möglichst umfangreiche und verständliche Übermittlung der Information, jedoch keine 1:1-Übersetzungen

→ Niveaubeschreibung B1 / B1+ (GeR) (Siehe Vorwort / CD-ROM)
→ Bewertungsbogen B1 / B1+ (Siehe Vorwort / CD-ROM)

Vorkenntnisse	Die S sollten mit der Art des Aufgabenformats vertraut sein und die relevanten Redemittel (z. B. *paraphrasing*) kennen. Die entsprechenden Situationen, Themen und Wortfelder, wie z. B. *music, sports, free time activities* und *film reviews,* müssen vorab Gegenstand des Unterrichts gewesen sein.

[1] Gemeinsamer europäischer Referenzrahmen für Sprachen

Fragen

1 Hip Hop
1. What does 'Deutscher Hip-Hop' mean? Does it mean that the songs are in German?
2. Does the text say anything about the origins of hip hop?
3. When did hip hop start in Germany? When was it first successful?
4. What else is interesting about German hip hop?
5. Are there any new trends in German hip hop today?

2 Comics
1. Does the text say anything about how comics started?
2. When did they become popular?
3. What is the difference between comics and other kinds of literature?
4. Are comics only for children and young people?
5. Of course I know those funny kinds of comics but what other kinds of comics are there?

3 Free climbing
1. What does 'Freiklettern' exactly mean?
2. Can we just start climbing? What possibilities are there?
3. Are there any special events? Can we get something to eat and drink there?
4. What do I need to bring? What should I wear?
5. How expensive is it and when can we go?

4 Going to the theatre
1. What kind of play is it? Is it funny?
2. What is the story? Is it all about basketball?
3. Which role does the audience play?
4. When and where can we see it?
5. Is it expensive? How can we order the tickets?

Test sheet: Mediation

1 Hip Hop

Du hast Besuch von einem Austauschschüler aus den USA, der sich für Hip-Hop begeistert. Er hat einen Artikel über deutschen Hip-Hop gefunden und möchte mehr darüber wissen, spricht aber kein Deutsch. Du hilfst ihm und liest zunächst den Artikel.

DEUTSCHER HIP-HOP

Hip-Hop ist heute eine besonders unter Jugendlichen sehr beliebte Richtung der modernen Popmusik. Deutsche Hip-Hop-Musiker sind jedoch nicht immer deutsch. Selbst die Texte, die sie rappen, müssen nicht auf Deutsch sein. Der Begriff bezeichnet stattdessen nur die Tatsache, dass die Musik aus Deutschland ist.

URSPRUNG DES HIP-HOP

Die Anfänge des Hip-Hop liegen in den 70er Jahren in der Funk- und Soulmusik der USA. Mitte der 80er lehnten sich immer mehr schwarze Jugendliche aus den amerikanischen Ghettos mit kritischen Texten gegen Ungerechtigkeit und Rassismus auf. Eine neue Bewegung war entstanden.

ANFÄNGE IN DEUTSCHLAND

In Deutschland war es v. a. die Heidelberger Band „Advanced Chemistry", die aus Hip-Hop einen Trend machte. Auch sie wollte mit politischen und kritischen Texten auf gesellschaftliche Probleme hinweisen. Deutsch galt dabei als ‚uncool', so dass zunächst in englischer Sprache gerappt wurde. Dies änderte sich, als „Advanced Chemistry" live deutsche Stücke aufführte und sehr positive Reaktionen erhielt. Seit der ersten deutschsprachigen Hip-Hop-Platte „Fremd im eigenen Land" war Deutsch als Hip-Hop-Sprache akzeptiert.

ERSTE CHARTERFOLGE

Den eigentlichen Durchbruch mit einer Platzierung in den Top Ten der Charts erzielten jedoch erst Anfang der 90er Jahre „Die Fantastischen Vier" mit ihrer Deutschrap-Single "Die da?!". Im Gegensatz zu den bislang ernsthaften Hip-Hop-Texten rappten die Stuttgarter mit Ironie und Witz nun auch über alltägliche Dinge. Das Niveau reichte von Nonsens-Texten bis hin zu philosophischen Themen.

DEUTSCHER HIP-HOP HEUTE

Im Gegensatz zu diesem Spaß-Rap steht in neuester Zeit ein Trend, der sich durch einen extrem aggressiven Ton und Gewalt verherrlichende Texte auszeichnet. Rapper wie Sido oder Bushido erzielen bei ihren Fans Begeisterung, landen mit ihren Songs allerdings auch auf dem Index wegen jugendgefährdender Inhalte.

Beantworte jetzt die Fragen deines Austauschschülers auf Englisch.

© Ernst Klett Verlag GmbH, Stuttgart 2009 | www.klett.de | Alle Rechte vorbehalten
Von dieser Druckvorlage ist die Vervielfältigung für den eigenen
Unterrichtsgebrauch gestattet. Die Kopiergebühren sind abgegolten.

Speaking Tests Klasse 5–10
ISBN 978-3-12-581107-2

Test sheet: Mediation

2   Comics

Du hast Besuch von einer Austauschschülerin aus England, die sehr gerne Comics liest. Sie hat einen Artikel über Comics gefunden und interessiert sich dafür. Ihr Deutsch ist nicht sehr gut, so dass du ihr hilfst. Lies zunächst den Artikel.

GESCHICHTE DES COMICS

Schon im alten Ägypten fand man viele gezeichnete Bildfolgen. Abgesehen von diesen Vorläufern begannen Comics aber erst Ende des 18. Jahrhunderts bekannt zu werden. Aus dieser Zeit stammt auch der englische Begriff *Comic*. Als erster Comic gilt zumeist *Yellow Kid* von Richard Outcault, einem amerikanischen Autor. Auch in Deutschland begannen die Bildergeschichten populär zu werden. Jedem bekannt sind sicherlich die Geschichten von Wilhelm Busch. Später entwickelten sich in Frankreich und USA längere Geschichten, wie z.B. *Tim und Struppi* oder die Walt-Disney-Comics. Nach dem Zweiten Weltkrieg erlangten die Superhelden-Comics (*Superman*) einen Riesenerfolg. Ab den 1990er Jahren wurden in Deutschland japanische Comics (*Mangas*) beliebt, insbesondere die Reihen *Sailor Moon* und *Dragonball*.

WIE UNTERSCHEIDEN SICH COMICS VON ANDERER LITERATUR?

Vor allem durch die Bilder, die sich beim Leser wie zu einem Film zusammenfügen. Was allerdings häufig falsch verstanden wurde, ist die Zielgruppe von Comics. Lange Zeit herrschte das Missverständnis vor, die Bildergeschichten richteten sich nur an Kinder und Jugendliche. Das ist schon daher falsch, da Comicstrips häufig in Zeitungen abgedruckt wurden, die vor allem von Erwachsenen gekauft wurden.
Häufig wurde Comics auch vorgeworfen, durch den Gebrauch von Umgangssprache und unvollständigen Sätzen für Jugendliche und Kinder schädlich zu sein. Dieses Vorurteil ist heutzutage fast überwunden.

WELCHE ARTEN VON COMICS GIBT ES?

Man kann fünf Hauptrichtungen unterscheiden:
→ Humorvolle Geschichten
→ Abenteuer-Geschichten
→ Science Fiction
→ Superhelden-Geschichten
→ Tier-Comics, in denen die Tiere als Mensch dargestellt werden.

Beantworte jetzt die Fragen deiner Austauschschülerin auf Englisch.

Speaking Tests Klasse 5–10
ISBN 978-3-12-581107-2

Test sheet: Mediation

3 Free climbing

Deine Familie hat Besuch von einem englischen Austauschschüler. Er möchte gerne etwas unternehmen und hat diese Broschüre erhalten. Leider ist sein Deutsch nicht sehr gut und er bittet dich um Hilfe. Lies zunächst die Informationen.

Freiklettern im Kletterzentrum *Fun and Action*

Allein und ohne fremde Hilfe an einer steilen Wand entlang nach oben klettern – das ist Freiklettern, ein Sport für drinnen und draußen, den jeder lernen kann. Freiklettern bedeutet jedoch nicht, dass man sich ohne jede Absicherung in Gefahr begibt – Erfahrung und ein Sicherungspartner sind ein absolutes Muss in großer Höhe.

Unsere Angebote für Anfänger

1. Klettern ohne Seil
   In niedriger Höhe klettern kannst du in unserem Anfänger-Bereich, der mit weichen Matten ausgestattet ist, so dass du einfach abspringen kannst.

2. Schnupperklettern
   Als Einstieg in den Sport sichert dich ein Trainer und gibt dir erste Tipps beim Klettern an der Wand.
   Kosten: 15 Euro für 1,5 Stunden

3. Grundkurs
   In einem Grundkurs erlernst du wie du jemanden sicherst sowie die Grundlagen rund ums Klettern, so dass du danach mit einem Partner allein loslegen kannst.
   Kosten: 75 Euro für 2 x 3 Stunden

Specials

- Freiklettern-Wettkampf: Als Preis winkt ein Paar neue Kletterschuhe
- *Giant-Airbag*-Klettern: Erst klettern und dann fallen lassen und im *Giant-Airbag* weich landen
- Kindergeburtstag: Klettern, Spiel und Spaß mit zwei Betreuern (max. 10 Kinder); Kosten: 15 Euro pro Kind
- Kletterkurse für Schulkassen

Bistro

Zuschauer müssen keinen Eintritt zahlen und können heiße und eisgekühlte Getränke und Snacks für den kleinen Hunger genießen.

Voraussetzung

Jeder ist willkommen. Die einzige Voraussetzung für das Klettern außerhalb des Anfänger-Bereichs ist, dass man sich gegenseitig sichern kann. Bitte bringt Sportbekleidung und Turnschuhe mit.

Eintritt

Erwachsene 12 Euro, Kinder ab 5 Jahre 7 Euro

Öffnungszeiten

Täglich von 10.00 Uhr bis 23.00 Uhr

Kletterzentrum *Fun and Action*
Sonnenstr. 6
68243 Laudenburg
Telefon: 06 35 / 7 36 52 01

Beantworte jetzt die Fragen deines Austauschschülers auf Englisch.

 Klett

© Ernst Klett Verlag GmbH, Stuttgart 2009 | www.klett.de | Alle Rechte vorbehalten
Von dieser Druckvorlage ist die Vervielfältigung für den eigenen
Unterrichtsgebrauch gestattet. Die Kopiergebühren sind abgegolten.

Speaking Tests Klasse 5–10
ISBN 978-3-12-581107-2

4   Going to the theatre

Deine englische Austauschpartnerin geht leidenschaftlich gerne ins Theater. Du möchtest ihr etwas ganz Besonderes bieten und hast diese Broschüre erhalten, die sie nicht verstehen kann, da ihr Deutsch nicht sehr gut ist. Du möchtest ihr helfen. Lies zunächst den Text.

Jugendtheater Janß – Jugendtheater Janß – Jugendtheater Janß – Jugendtheater Janß

Zwischen Fremden und Freunden
INTERAKTIVES THEATER ZUM MITMACHEN
für Jugendliche ab 13 Jahren, ein Stück von Raimund Klos

Hannah zieht mit ihrem Vater nach Hamburg und kommt in eine neue Klasse. Ihre Mitschüler sind ganz anders, als sie erwartet hatte: Die Klasse wird dominiert von zwei konkurrierenden Gruppen, die von den Gegnern Kim und Thomas angeführt werden. Hannah hat keine Ahnung, wie sie sich verhalten soll. Gerne wäre sie mit der coolen Kim befreundet, die aber scheinbar gar keinen Kontakt sucht. Statt dessen zeigt Thomas Interesse an Hannah ...
Doch dann passiert etwas Unerwartetes:
Beim entscheidenden Basketball-Wettkampf aller Schulen Hamburgs verletzt sich Kim am Bein und kann nicht spielen. Hannah springt ein ...

Jetzt kommt das Publikum ins Spiel:
Es entscheidet, wie es weitergehen soll. Zuschauer melden sich für die verschiedenen Personen und bestimmen, wie sie reagieren und handeln sollen. Was passiert bei dem Basketball-Spiel? Wie geht es Kim? Wie wird Hannahs Leben weitergehen? Wie verhält sich Thomas? Was sagt Hannahs Vater dazu? Werden Kim und Hannah Freundinnen?

Das etwas andere Theater, bei dem man nicht nur zusehen, sondern mitmachen kann!

Vorstellungstermine:
Jeden Dienstag und Donnerstag um 19.00 Uhr.
Für Klassen können auch nach Absprache Sondertermine vereinbart werden.

Kartenvorbestellung:
Karten für alle Vorstellungen können Sie über den Spielplan gleich online bestellen:
Spielplan
Auch telefonisch stehen wir Ihnen gerne zur Verfügung.

Preise:
Erwachsene: 12 Euro
Schüler/innen: 7 Euro
Gruppenpreise: bitte sprechen Sie uns an

Kontakt:
Jugendtheater Janß
Kulturhaus im Kies 24
80326 München
Telefon: (089) 74 61 90 01

Beantworte nun die Fragen deiner Austauschpartnerin auf Englisch.

Speaking Tests Klasse 5–10
ISBN 978-3-12-581107-2

Lehrerhinweise

Text prompts

Prüfungsart	Einzelprüfung / Partnerprüfung
Bezug zum GeR[1] Niveaustufe B1 / B1+	Sich zu Themen des Alltagslebens äußern und diese diskutieren; einen eigenen Standpunkt vertreten (*giving an opinion*) und überzeugend argumentieren
Allgemeines	Auf dem *Test sheet* befindet sich ein Textimpuls mit Fragen. Zusätzlich zu diesen Fragen gibt es im Anschluss an diese Lehrerhinweise zu jeder Prüfung weitere Fragen, aus denen der L auswählen und die bestehenden Fragen ergänzen kann.
Durchführungsdauer	Stille Vorbereitungszeit des / der S: ca. 5 – 8 Minuten Sprechzeit des / der S: ca. 1 Minute pro Frage
Durchführung	Der L händigt dem S das *Test sheet* aus. Der S hat dann Zeit, um den Text und die Fragen zu lesen, Textstellen zu markieren, Stichpunkte zu notieren und seine Gedanken zu sammeln. Der L gibt das Signal für den eigentlichen Prüfungsbeginn und steuert die Sprechzeit des S sowie die Prüfung insgesamt, indem er zu den einzelnen Teilen der Aufgabe und den weiterführenden Fragen überleitet. **Variante:** Partnerprüfung In der Partnervariante erhalten zwei S den Text und äußern sich zum Thema bzw. vertreten ihre Standpunkte. Der L kann aus den im Anschluss an diese Lehrerhinweise aufgeführten Fragen *prompts* generieren und unterstützend zur Verfügung stellen, sollte das Gespräch ins Stocken geraten. Insgesamt aber zieht sich der L aus dem Gespräch zurück und die S interagieren untereinander.
Aufgabe	Die Aufgabe ist mehrteilig angelegt: Im ersten Teil fasst der S den Text in wenigen Sätzen zusammen. Im zweiten Teil beantwortet der S Fragen zum Thema: *a) What is the text about?* *b) Get ready to talk about the topic. Think about these questions:* z. B. 1. *Would you like to travel? Where would you like to go?* 2. *Do you think it's too dangerous today for a young person to travel alone, like Cassy? Why / why not?*
Fokus	Bei diesem Aufgabenformat steht das zusammenhängende Sprechen in Form von gebräuchlichen Strukturen und Redemitteln im Vordergrund. Bei der Zusammenfassung des Textes kommt es nicht darauf an, den Inhalt des Textes im Detail wiederzugeben, da es hier nicht um Leseverständnis geht. Der Text dient vielmehr als Impuls für das weitere Gespräch. Es geht dabei darum, inwieweit der S am Gespräch über den Text und das Thema teilnehmen und eigene Meinungen und Argumente formulieren kann.
Bewertung	Was sich positiv auf die Bewertung auswirkt: – die S verwenden verhältnismäßig korrekt ein Repertoire gebräuchlicher Strukturen und Redemittel – sie bringen sich aktiv in das Gespräch über den Text ein und können das Gespräch für den gewünschten Zeitraum aufrechterhalten → Niveaubeschreibung B1 / B1+ (GeR) (Vorwort / CD-ROM) → Bewertungsbogen B1 / B1+ (Vorwort / CD-ROM)
Vorkenntnisse	Die S sollten mit der Art des Aufgabenformats vertraut sein und die relevanten Redemittel (z. B. *paraphrasing*), Themen und Wortfelder, wie z. B. *travelling, jobs, health* und *environment*, kennen.

[1] Gemeinsamer europäischer Referenzrahmen für Sprachen

Weitere Fragen

1 Cassy Brett

3. Have you travelled outside Germany? Where have you been?
4. Do you think everyone learns a lot from travelling? Say why / why not.
5. People say that there's no need to travel any more – we can learn about the world from the Internet. What do you think?

2 No smoking?

3. Do you think it's a good idea to have special outside areas for smokers? Say why / why not.
4. What can people do if they want to stop smoking?
5. Should drinking too much alcohol also be banned in public places? Why / why not?

Test sheet: Text prompt

1 Cassy Brett

In 1990, when Cassy Brett was 16, she decided to leave school and go travelling for a year in Europe and North Africa. She was a good student and her parents thought she would stay at school and go on for further training[1]. But Cassy had other ideas. "I guess I had itchy[2] feet," she says now. "I just wanted to get out and see the world."

When she is asked what her parents said, she replies, "Of course they worried about me. That's what parents do. I mean, I was only 16 when I left home, and I often travelled alone. When I think about it now, my parents must have been crazy with worry. But I didn't see that then." She enjoyed her travels and learnt a lot, she says, from the places she saw and the people she met. When she needed money, she worked.

Would she let her own child do the same thing? "I'm not sure," she says. "But I don't think the world is any more dangerous now than it was then."

[1] *training* ['treɪnɪŋ] – Ausbildung; [2] *itchy* ['ɪtʃɪ] – juckend

a) *What is the text about?*

b) *Get ready to talk about the topic. Think about these questions:*

1. Would you like to travel? Where would you like to go?
2. Do you think it's too dangerous today for a young person to travel alone, like Cassy? Why / why not?

Speaking Tests Klasse 5 – 10
ISBN 978-3-12-581107-2

2   No smoking?

Since 1st July 2007 smoking has not been allowed in England and Wales in shops, offices, restaurants and other public places. Scotland had already banned[1] smoking in public places a year earlier.

Pubs, clubs and some large offices have made special areas outside where smokers can have a cigarette even in bad weather.

What do people think about the 'No smoking' rules? Here are some opinions:

"It's great. You can go to the pub for a drink and you don't come home with your clothes smelling of cigarette smoke."   *Janet, Birmingham*

"It has made things easier for me. I work in an office with a smoker and it's wonderful to have smoke-free air!"   *Sandy-Jane, Glasgow*

"It has ruined our social club. You can't talk to people anymore because they have to get up and go outside if they want to smoke."   *Joe, Hull*

"It has made me smoke less, because I have to go down three floors from my office to the smoking area."   *Simon, London*

[1] *to ban* [bæn] – verbieten

a) *What is the text about?*

b) *Get ready to talk about the topic. Think about these questions:*

1. Do you agree that smoking should be banned in all public places? Say why / why not.
2. Why do you think so many young people start to smoke?

Speaking Tests Klasse 5–10
ISBN 978-3-12-581107-2

Bildquellennachweis (Heft)